は　じ　め　に

　技能検定は、労働者の有する技能を一定の基準によって検定し、これを公証する国家検定制度であり、技能に対する社会一般の評価を高め、働く人々の技能と地位の向上を図ることを目的として、職業能力開発促進法に基づいて 1959 年（昭和 34 年）から実施されています。

　当研究会では、1975 年（昭和 50 年）から技能検定試験受検者の学習に資するため、過去に出題された学科試験問題（1・2 級）に解説を付して、「学科試験問題解説集」を発行しております。

　このたびさらに、平成 29・30・31 年度に出題された学科試験問題、ならびに平成 31 年度の実技試験問題（計画立案等作業試験は平成 29・30・31 年度を収録）を「技能検定試験問題集（正解表付き）」として発行することになりました。

　本問題集が 1 級・2 級の技能士を目指して技能検定試験を受検される多くの方々にご利用いただき、大きな成果が上がることを祈念いたします。

令和 2 年 6 月

一般社団法人 雇用問題研究会

目　　次

技 能 検 定 の 概 要

1 技能検定試験の等級区分

技能検定試験は合格に必要な技能の程度を等級ごとに次のとおりに区分しています。

特　　　級：検定職種ごとの管理者又は監督者が通常有すべき技能及びこれに関する知識の程度

1　　　級：検定職種ごとの上級の技能労働者が通常有すべき技能及びこれに関する知識の程度

2　　　級：検定職種ごとの中級の技能労働者が通常有すべき技能及びこれに関する知識の程度

3　　　級：検定職種ごとの初級の技能労働者が通常有すべき技能及びこれに関する知識の程度

単一等級：検定職種ごとの上級の技能労働者が通常有すべき技能及びこれに関する知識の程度

※これらの他に外国人実習生等を対象とした基礎級があります。

2 検定試験の基準

技能検定は、実技試験及び学科試験によって行われています。

実技試験は、実際に作業などを行わせて、その技量の程度を検定する試験であり、学科試験は、技能の裏付けとなる知識について行う試験です。

実技試験及び学科試験は、検定職種の等級ごとに、それぞれの試験科目及びその範囲が職業能力開発促進法施行規則により、また、その具体的な細目が厚生労働省職業能力開発局長通達により定められています。

(1)　実技試験

実技試験は、実際に作業（物の製作、組立て、調整など）を行わせて試験する、製作等作業試験が中心となっており、検定職種の大部分のものについては、その課題が試験日に先立って公表されています。

試験時間は、1級、2級及び単一等級については原則として5時間以内、3級については3時間以内が標準となっています。

また、検定職種によっては、製作等作業試験の他、実際的な能力を試験するため、次のような判断等試験又は計画立案等作業試験が併用されることがあります。

① 判断等試験

　判断等試験は、製作等作業試験のみでは技能評価が困難な場合又は検定職種の性格や試験実施技術等の事情により製作等作業試験の実施が困難な場合に用いられるもので、例えば技能者として体得していなければならない基本的な技能について、原材料、模型、写真などを受検者に提示し、判別、判断などを行わせ、その技能を評価する試験です。

② 計画立案等作業試験

　製作等作業試験、判断等試験の一方又は双方でも技能評価が不足する場合に用いられるもので、現場における実際的、応用的な課題を、表、グラフ、文章などにより設問したものを受検者に提示し、計算、計画立案、予測などを行わせることにより技能の程度を評価する試験です。

(2) 学科試験

　学科試験は、単に学問的な知識を試験するものではなく、作業の遂行に必要な正しい判断力及び知識の有無を判定することに主眼がおかれています。また、それぞれの等級における試験の概要は次表のとおりです。

　この中で、真偽法は一つの問題文の正誤を回答する形式であり、五肢択一法及び四肢択一法は一つの問題文について複数の選択肢の中から一つを選択して回答する形式です。

■学科試験の概要

等級区分	試験の形式	問題数	試験時間
特　　級	五肢択一法	50 題	2 時間
1　　級	真偽法及び四肢択一法	50 題	1 時間 40 分
2　　級	真偽法及び四肢択一法	50 題	1 時間 40 分
3　　級	真偽法	30 題	1 時間
単一等級	真偽法及び四肢択一法	50 題	1 時間 40 分

3 技能検定の受検資格

　技能検定を受検するには、原則として検定職種に関する実務の経験が必要で、その年数は職業訓練歴、学歴等により異なっています（別表1参照）。

　この実務の経験の範囲には、現場での作業のみならず管理、監督、訓練、教育及び研究の業務や訓練又は教育を受けた期間が含まれます。

4 試験の実施日程

技能検定試験は職種ごとに前期、後期に分かれていますが、日程の概要は次のとおりです。

項	前 期	後 期
受付期間	4月上旬〜中旬	10月上旬〜中旬
実技試験	6月上旬〜9月上旬	12月上旬〜翌年2月中旬
学科試験	8月下旬〜9月上旬の日曜日 3級は7月中旬〜下旬の日曜日	翌年1月下旬〜2月上旬の日曜日
合格発表	10月上旬、3級は8月下旬	翌年3月中旬

※日程の詳細については都道府県職業能力開発協会（連絡先等は別表2参照）にお問い合わせ下さい。

5 技能検定の実施体制

技能検定は厚生労働大臣が定めた、実施計画に基づいて行うものですが、その実施業務は、厚生労働大臣、都道府県知事、中央職業能力開発協会、都道府県職業能力開発協会等の間で分担されており、受検の受付及び試験の実施については、都道府県職業能力開発協会が行っています。

6 技能検定試験受検手数料

技能検定試験の受検手数料は「実技試験：18,200円」及び「学科試験：3,100円」を標準額として、職種ごとに各都道府県で決定しています（令和4年4月1日現在、都道府県知事が実施する111職種）。

なお、25歳未満の在職者の方は、2級又は3級の実技試験の受検手数料が最大9,000円減額されます。詳しくは都道府県職業能力開発協会にお問い合わせ下さい。

7 技能検定の合格者

技能検定の合格者には、厚生労働大臣名（特級、1級、単一等級）又は都道府県知事名等（2級、3級）の合格証明が交付され、技能士と称することができます。

別表1

技能検定の受検に必要な実務経験年数一覧
（都道府県知事が実施する検定職種）

（単位：年）

受 検 対 象 者 （※1）	特級 1級合格後	1級 2級合格後	1級 3級合格後	2級 （※6）	2級 3級合格後	3級 （※6）	基礎級 （※6）	単一等級
実務経験のみ		7		2		0 ※7	0 ※7	3
専門高校卒業 ※2／専修学校（大学入学資格付与課程に限る）卒業		6		0		0	0	1
短大・高専・高校専攻科卒業 ※2／専門職大学前期課程修了／専修学校（大学編入資格付与課程に限る）卒業		5		0		0	0	0
大学卒業（専門職大学前期課程修了者を除く） ※2／専修学校（大学院入学資格付与課程に限る）卒業		4		0		0	0	0
専修学校 ※3 又は各種学校卒業（厚生労働大臣が指定したものに限る。） 800時間以上	5	6	2	0	4	0 ※8	0 ※8	1
〃 1600時間以上		5		0		0 ※8	0 ※8	1
〃 3200時間以上		4		0		0 ※8	0 ※8	1
短期課程の普通職業訓練修了 ※4 ※9 700時間以上		6		0		0 ※5	0 ※5	1
普通課程の普通職業訓練修了 ※4 ※9 2800時間未満		5		0		0	0	1
〃 2800時間以上		4		0		0	0	0
専門課程又は特定専門課程の高度職業訓練修了 ※4 ※9	3	1	2					
応用課程又は特定応用課程の高度職業訓練修了 ※9		1		0				
指導員養成課程の指導員養成訓練修了 ※9		1		0				
職業訓練指導員免許取得		1						
高度養成課程の指導員養成訓練修了 ※9		0		0		0	0	0

※1：検定職種に関する学科、訓練科又は免許職種に限る。

※2：学校教育法による大学、短期大学又は高等学校と同等以上と認められる外国の学校又は他法令学校を卒業した者並びに独立行政法人大学改革支援・学位授与機構により学士の学位を授与された者は学校教育法に基づくそれぞれのものに準ずる。

※3：大学入学資格付与課程、大学編入資格付与課程及び大学院入学資格付与課程の専修学校を除く。

※4：職業訓練法の一部を改正する法律（昭和53年法律第40号）の施行前に、改正前の職業訓練法に基づく高等訓練課程又は特別高等訓練課程の養成訓練を修了した者は、それぞれ改正後の職業能力開発促進法に基づく普通課程の普通職業訓練又は専門課程の高度職業訓練を修了したものとみなす。また、職業能力開発促進法の一部を改正する法律（平成4年法律第67号）の施行前に、改正前の職業能力開発促進法に基づく専門課程の養成訓練を修了した者は、専門課程の高度職業訓練を修了したものとみなし、改正前の職業能力開発促進法に基づく普通課程の養成訓練又は職業転換課程の能力再開発訓練（いずれも800時間以上のものに限る。）を修了した者はそれぞれ改正後の職業能力開発促進法に基づく普通課程又は短期課程の普通職業訓練を修了したものとみなす。

※5：総訓練時間が700時間未満のものを含む。

※6：3級（前期又は後期の期間にかかわらず随時実施するものは除く。）の技能検定については、上記のほか、検定職種に関する学科又は検定職種に関する訓練科において職業訓練を受けている者等も受検できる。また、工業高等学校に在学する者等であって、かつ、工業高等学校の教員による検定職種に係る講習を受講し、当該講習の責任者から技能検定試験受検に際して安全衛生上の問題等がないと判定されたものも受検できる。また、基礎級の技能検定については技能実習生のみが、3級（前期又は後期の期間にかかわらず随時実施するものに限る。）は基礎級（旧基礎1級及び基礎2級を含む）に合格した者のみが、2級（前期又は後期の期間にかかわらず随時実施するものに限る。）は基礎級（旧基礎1級及び基礎2級を含む）及び当該検定職種に係る3級の実技試験に合格した者のみが、受検できる。

※7：検定職種に関し実務の経験を有する者について、受検資格を認めることとする。

※8：当該学校が厚生労働大臣の指定を受けたものであるか否かに関わらず、受検資格を付与する。

※9：職業能力開発促進法第92条に規定する職業訓練又は指導員訓練に準ずる訓練の修了者においても、修了した職業訓練又は指導員訓練の訓練課程に応じ、受検資格を付与する。

都道府県及び中央職業能力開発協会所在地一覧

（令和4年4月現在）

協 会 名	郵便番号	所 在 地	電話番号
北海道職業能力開発協会	003-0005	札幌市白石区東札幌5条1-1-2　北海道立職業能力開発支援センター内	011-825-2386
青森県職業能力開発協会	030-0122	青森市大字野尻字今田43-1　青森県立青森高等技術専門校内	017-738-5561
岩手県職業能力開発協会	028-3615	紫波郡矢巾町大字南矢幅10-3-1　岩手県立産業技術短期大学校内	019-613-4620
宮城県職業能力開発協会	981-0916	仙台市青葉区青葉町16-1	022-271-9917
秋田県職業能力開発協会	010-1601	秋田市向浜1-2-1　秋田県職業訓練センター内	018-862-3510
山形県職業能力開発協会	990-2473	山形市松栄2-2-1	023-644-8562
福島県職業能力開発協会	960-8043	福島市中町8-2　福島県自治会館5階	024-525-8681
茨城県職業能力開発協会	310-0005	水戸市水府町864-4　茨城県職業人材育成センター内	029-221-8647
栃木県職業能力開発協会	320-0032	宇都宮市昭和1-3-10　栃木県庁舎西別館	028-643-7002
群馬県職業能力開発協会	372-0801	伊勢崎市宮子町1211-1	0270-23-7761
埼玉県職業能力開発協会	330-0074	さいたま市浦和区北浦和5-6-5　埼玉県浦和合同庁舎5階	048-829-2802
千葉県職業能力開発協会	261-0026	千葉市美浜区幕張西4-1-10	043-296-1150
東京都職業能力開発協会	101-8527	千代田区内神田1-1-5　東京都産業労働局神田庁舎5階	03-6631-6052
神奈川県職業能力開発協会	231-0026	横浜市中区寿町1-4　かながわ労働プラザ6階	045-633-5419
新潟県職業能力開発協会	950-0965	新潟市中央区新光町15-2　新潟県公社総合ビル4階	025-283-2155
富山県職業能力開発協会	930-0094	富山市安住町7-18　安住町第一生命ビル2階	076-432-9887
石川県職業能力開発協会	920-0862	金沢市芳斉1-15-15　石川県職業能力開発プラザ3階	076-262-9020
福井県職業能力開発協会	910-0003	福井市松本3-16-10　福井県職員会館ビル4階	0776-27-6360
山梨県職業能力開発協会	400-0055	甲府市大津町2130-2	055-243-4916
長野県職業能力開発協会	380-0836	長野市大字南長野県町688-2　長野県婦人会館3階	026-234-9050
岐阜県職業能力開発協会	509-0109	各務原市テクノプラザ1-18　岐阜県人材開発支援センター内	058-260-8686
静岡県職業能力開発協会	424-0881	静岡市清水区楠160	054-345-9377
愛知県職業能力開発協会	451-0035	名古屋市西区浅間2-3-14　愛知県職業訓練会館内	052-524-2034
三重県職業能力開発協会	514-0004	津市栄町1-954　三重県栄町庁舎4階	059-228-2732
滋賀県職業能力開発協会	520-0865	大津市南郷5-2-14	077-533-0850
京都府職業能力開発協会	612-8416	京都市伏見区竹田流池町121-3　京都府立京都高等技術専門校内	075-642-5075
大阪府職業能力開発協会	550-0011	大阪市西区阿波座2-1-1　大阪本町西第一ビルディング6階	06-6534-7510
兵庫県職業能力開発協会	650-0011	神戸市中央区下山手通6-3-30　兵庫勤労福祉センター1階	078-371-2091
奈良県職業能力開発協会	630-8213	奈良市登大路町38-1　奈良県中小企業会館2階	0742-24-4127
和歌山県職業能力開発協会	640-8272	和歌山市砂山南3-3-38　和歌山技能センター内	073-425-4555
鳥取県職業能力開発協会	680-0845	鳥取市富安2-159　久本ビル5階	0857-22-3494
島根県職業能力開発協会	690-0048	松江市西嫁島1-4-5　SPビル2階	0852-23-1755
岡山県職業能力開発協会	700-0824	岡山市北区内山下2-3-10　アマノビル3階	086-225-1547
広島県職業能力開発協会	730-0052	広島市中区千田町3-7-47　広島県情報プラザ5階	082-245-4020
山口県職業能力開発協会	753-0051	山口市旭通り2-9-19　山口建設ビル3階	083-922-8646
徳島県職業能力開発協会	770-8006	徳島市新浜町1-1-7	088-663-2316
香川県職業能力開発協会	761-8031	高松市郷東町587-1　地域職業訓練センター内	087-882-2854
愛媛県職業能力開発協会	791-8057	松山市大可賀2-1-28　アイテムえひめ内	089-993-7301
高知県職業能力開発協会	781-5101	高知市布師田3992-4	088-846-2300
福岡県職業能力開発協会	813-0044	福岡市東区千早5-3-1　福岡人材開発センター2階	092-671-1238
佐賀県職業能力開発協会	840-0814	佐賀市成章町1-15	0952-24-6408
長崎県職業能力開発協会	851-2127	西彼杵郡長与町高田郷547-21	095-894-9971
熊本県職業能力開発協会	861-2202	上益城郡益城町田原2081-10　電子応用機械技術研究所内	096-285-5818
大分県職業能力開発協会	870-1141	大分市大字下宗方字古川1035-1	097-542-3651
宮崎県職業能力開発協会	889-2155	宮崎市学園木花台西2-4-3	0985-58-1570
鹿児島県職業能力開発協会	892-0836	鹿児島市錦江町9-14	099-226-3240
沖縄県職業能力開発協会	900-0036	那覇市西3-14-1	098-862-4278
中央職業能力開発協会	160-8327	新宿区西新宿7-5-25　西新宿プライムスクエア11階	03-6758-2859

とび

実技試験問題

平成31年度技能検定

2級とび（とび作業）実技試験問題

次の注意事項に従って、課題1及び課題2を行いなさい。

1 試験時間

課題番号	1	2
標準時間	1時間30分	
打切り時間	1時間50分	5分

2 注意事項

(1) 支給された材料の品名、数量等が「3 課題1」の「(3) 支給材料」のとおりであることを確認すること。

(2) 支給された材料に異常がある場合は、申し出ること。

(3) 試験開始後は、原則として、支給材料の再支給をしない。ただし、クランプ不良の場合は、交換する。

(4) 支給材料以外の材料は、一切使用しないこと。

(5) 使用工具等は、使用工具等一覧表で指定した以外のものを使用しないこと。また、インパクトレンチは解体時のみ使用すること。

(6) 試験中は、工具の貸し借りを禁止とする。

(7) 服装等は、作業に適したものであり、作業着は、長そでとすること。

(手袋、墜落制止用器具(安全帯)、保護帽及び作業靴を含む。)

(8) 標準時間を超えて作業を行った場合は、超過時間に応じて減点される。

(9) 作業が終了したら、技能検定委員に申し出ること。

(10) 試験中は、試験問題以外の用紙にメモをしたものや参考書等を参照することは禁止とする。

(11) 試験中は、携帯電話(電卓機能の使用を含む。)等の使用を禁止とする。

(12) 工具、材料等の取扱い、作業方法について、そのまま継続すると怪我、落下などを招くおそれがあり危険であると技能検定委員が判断した場合、試験中にその旨を注意することがある。

さらに、当該注意を受けてもなお危険な行為を続けた場合、技能検定委員全員の判断により試験を中止し、かつ失格とする。ただし、緊急性を伴うと判断された場合は、注意を挟まず即中止(失格)とすることがある。

3 課題1 （片流れ小屋組組立て）

次の注意事項及び仕様に従って、3ページに示す片流れ小屋組を鋼管を使用して組み立てなさい。*

(1) 注意事項

イ 作業終了の意思表示をする時期は、仮つなぎ、とびつき、仮柱、仮ひうち等を取り外して、整理整とんをした時点とすること。

ロ 登りばり及び上弦材等の上部への取付け作業は、とびつきを設けて行い、高所作業として扱って、墜落制止用器具(安全帯)を使用すること。原則として、墜落制止用器具(安全帯)のフックは、腰よりも上部に取り付けること。

ハ 仮つなぎ、とびつき、仮ひうち及び仮柱は、必ず取り付けて作業を行うこと。ただし、図面上にとびつき、仮ひうち及び仮柱の設置例を示しているが、どこに設けるかは自由とする。

ニ 仮つなぎ材などは、支給材料を一時転用すること。

ホ 柱位置の割出し及び敷板の配置の時間は、試験時間には含まない。

(2) 仕様

イ 寸法は、平面図、断面図及び部分詳細図に示すとおりとすること。

ロ 柱の根元は、ベース金具を敷板にくぎで対角4箇所止めによって固定すること。ただし、仮柱を除く。

また、柱の固定は、仮つなぎなどをとって行うこと。

ハ 陸ばり及びけたは、柱の外側に取り付けること。

ニ 斜材及び方づえは、力学的にみて有効なところに取り付けること。

ホ 登りばりの上部は、上弦材の上端で柱に取り付けること。

ヘ 登りばりの下部は、けたの上端で柱に取り付けること。

ト 下弦材は、両端とも陸ばりの上端で柱に取り付けること。

チ 柱及び柱と方づえの取合い部を除く各部材の出寸法は、交わる部材の中心線の交点から次のとおりとする。

部材の径の1.1～1.5倍程度

リ 基準柱は、正面から見て左側とすること。

ヌ 単管の緊結には、クランプを使用すること。

また、部材が直交する箇所の緊結には、直交クランプを使用すること。

＊本書では P.14

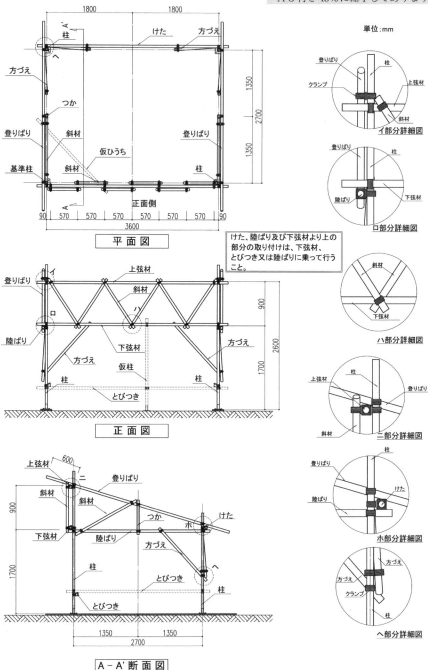

単位：mm

平 面 図

けた、陸ばり及び下弦材より上の
部分の取り付けは、下弦材、
とびつき又は陸ばりに乗って行う
こと。

正 面 図

Ａ－Ａ' 断 面 図

イ部分詳細図

ロ部分詳細図

ハ部分詳細図

ニ部分詳細図

ホ部分詳細図

ヘ部分詳細図

－ 14 －

(3) 支給材料

品名	寸法又は規格	数量
敷板又は足場板	長さ3〜4m	2枚
ベース金具		5個(仮柱用も含む)
柱	単管　長さ　3.0m	2本
柱	単管　長さ　2.0m	2本
仮柱	単管　長さ　2.0m	1本
陸ばり	単管　長さ　3.0m	2本
けた	単管　長さ　4.0m	1本
つか	単管　長さ　70cm	2本
上弦材	単管　長さ　4.0m	1本
下弦材	単管　長さ　4.0m	1本
登りばり	単管　長さ　3.6〜4.0m	2本
斜材	単管　長さ　1.5m	2本
斜材	単管　長さ　1.2m	6本
方づえ	単管　長さ　1.5m	4本
とびつき用	単管　長さ　4.0m	1本
とびつき用	単管　長さ　3.0m	2本
仮ひうち用	単管　長さ　2.4〜2.7m	1本
仮つなぎ 又は仮筋かい	単管　長さ　1.8m〜2.0m	2本
※直交クランプ		24個
※自在クランプ		24個
3連自在クランプ		5個
くぎ	60〜65mm	16本

※図面の通りに仕上がるクランプを使用すること。

4 課題2 (重量物目測)

次の注意事項に従って、重量物の目測を行いなさい。

(1) 注意事項

イ 目測を行う重量物は、3種類であること。

ロ 目測を行った質量値は、当日提示される解答用紙に記入し、技能検定委員に提出すること。
なお、この解答用紙には、必ず受検番号及び氏名を記入すること。

ハ 他の受検者との会話は、厳禁とする。

ニ 鋼製スケール(コンベックスルール)等の計測器具は使用しないこと。

2級とび(とび作業)実技試験使用工具等一覧表

1 受検者が持参するもの

品　名	寸法又は規格	数量	備　考
折り尺又は鋼製スケール		1	
ラチェットスパナ	ひもつきのもの	1	
金づち		1	
かじや(バール)	40cm程度のもの	1	
インパクトレンチ		1	解体時のみ使用 同等品も可
作業服等	上衣は長そでのもの	一式	
手袋		1組	
墜落制止用器具(安全帯)	フルハーネス型又は胴ベルト型(1本つり)	1	
保護帽		1	
作業靴	安全靴又は安全地下たび	1	
筆記用具		1	課題2の記入用
飲料		適宜	熱中症対策、水分補給用

(注) 使用工具等は、上記のものに限るが、同一種類のものを予備として持参することはさしつかえない。

なお、「飲料」については、受検者が各自で、熱中症対策、水分補給用として持参すること。

2 試験場に準備されているもの(片流れ小屋組組立て用)

数量は、特にことわりがない場合は、受検者1名当たりの数量とする。

品　名	寸法又は規格	数量	備　考
チョーク		1	
すなわ等		1	
つり袋	つり下げ型、布製バケツ等	1区画につき1	

平成 31 年度技能検定

1 級とび（とび作業）実技試験問題

次の注意事項に従って、課題 1、課題 2 及び課題 3 を行いなさい。

1 試験時間

課題番号	1	2	3
標準時間	1時間30分		
打切り時間	1時間50分	10分	5分

2 注意事項

(1) 支給された材料の品名、数量等が「3 課題1」の「(3) 支給材料」のとおりであることを確認すること。

(2) 支給された材料に異常がある場合は、申し出ること。

(3) 試験開始後は、原則として、支給材料の再支給をしない。ただし、クランプ不良の場合は、交換する。

(4) 支給材料以外の材料は、一切使用しないこと。

(5) 使用工具等は、使用工具等一覧表で指定した以外のものを使用しないこと。また、インパクトレンチは解体時のみ使用すること。

(6) 試験中は、工具の貸し借りを禁止とする。

(7) 服装等は、作業に適したものであり、作業着は、長そでとすること。

(手袋、墜落制止用器具(安全帯)、保護帽及び作業靴を含む。)

(8) 標準時間を超えて作業を行った場合は、超過時間に応じて減点される。

(9) 作業が終了したら、技能検定委員に申し出ること。

(10) 試験中は、試験問題以外の用紙にメモをしたものや参考書等を参照することは禁止とする。

(11) 試験中は、携帯電話(電卓機能の使用を含む。)等の使用を禁止とする。

(12) 工具、材料等の取扱い、作業方法について、そのまま継続すると怪我、落下などを招くおそれがあり危険であると技能検定委員が判断した場合、試験中にその旨を注意することがある。

さらに、当該注意を受けてもなお危険な行為を続けた場合、技能検定委員全員の判断により試験を中止し、かつ失格とする。ただし、緊急性を伴うと判断された場合は、注意を挟まず即中止(失格)とすることがある。

3 課題1 （真づか小屋組組立て）

次の注意事項及び仕様に従って、3ページに示す真づか小屋組を鋼管を使用して組み立てなさい。*

(1) 注意事項

イ　作業終了の意思表示をする時期は、仮つなぎ、とびつき、仮柱、仮ひうち等を取り外して、整理整とんをした時点とすること。

ロ　むな木及びつか等の上部への取付け作業は、とびつきを設けて行い、高所作業として扱って、墜落制止用器具(安全帯)を使用すること。原則として、墜落制止用器具(安全帯)のフックは、腰よりも上部に取り付けること。

ハ　仮つなぎ、とびつき、仮ひうち及び仮柱は、必ず取り付けて作業を行うこと。ただし、図面上にとびつき、仮ひうち及び仮柱の設置例を示しているが、どこに設けるかは自由とする。

ニ　仮つなぎ材などは、支給材料を一時転用すること。

ホ　柱位置の割り出し及び敷板の配置の時間は、試験時間には含まない。

(2) 仕様

イ　寸法は、平面図、断面図及び部分詳細図に示すとおりとすること。

ロ　柱の根元は、ベース金具を敷板にくぎで対角4箇所止めによって固定すること。ただし、仮柱は除く。

　　また、柱の固定は、仮つなぎなどをとって行うこと。

ハ　陸ばり及びけたは、柱の外側に取り付けること。

ニ　斜材及び方づえは、力学的にみて有効なところに取り付けること。

ホ　合掌は、むな木の上部に取り付けるものとし、合掌の取り合い部分は、突き付けとすること。

ヘ　合掌の下部は、けたの上端で柱に取り付けること。

ト　けたは、陸ばりの上端で柱に取り付けること。

チ　柱及び柱と方づえの取合い部を除く各部材の出寸法は、交わる部材の中心線の交点から次のとおりとする。

　　部材の径の1.1〜1.5倍程度

リ　基準柱は、正面から見て左側とすること。

ヌ　単管の緊結には、クランプを使用すること。

　　また、部材が直交する箇所の緊結には、直交クランプを使用すること。

＊本書では P.20

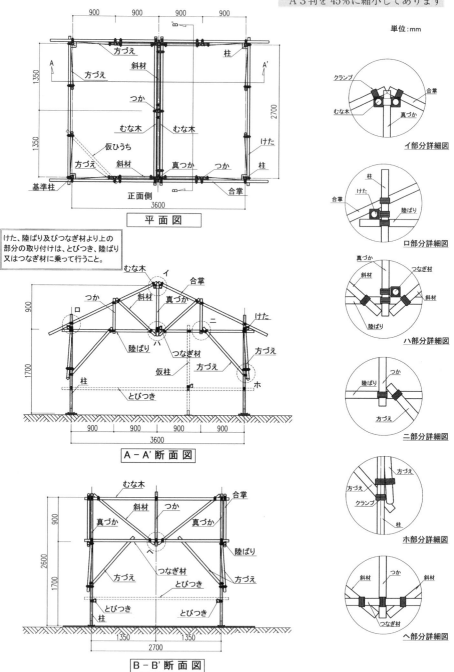

単位：mm

方づえ　柱

方づえ　斜材

つか

むな木　むな木

仮ひうち　けた

方づえ　斜材　真づか　つか　柱

基準柱

正面側　合掌

3600

平面図

クランプ　合掌

むな木　真づか

イ部分詳細図

柱

合掌　けた　陸ばり

ロ部分詳細図

真づか　つなぎ材

斜材　斜材

陸ばり

ハ部分詳細図

けた、陸ばり及びつなぎ材より上の
部分の取り付けは、とびつき、陸ばり
又はつなぎ材に乗って行うこと。

むな木　イ

合掌

つか　斜材　真づか

ロ

陸ばり　つなぎ材　方づえ　けた

仮柱　方づえ

とびつき　ホ

柱

とびつき

900　900　900　900

3600

Ａ－Ａ'断面図

陸ばり　つか

方づえ

ニ部分詳細図

方づえ　方づえ

クランプ

柱

ホ部分詳細図

斜材　つか　斜材

つなぎ材

ヘ部分詳細図

むな木

斜材　つか　合掌

真づか　真づか

陸ばり

方づえ　つなぎ材　方づえ

とびつき

とびつき　とびつき

柱

1350　1350

2700

Ｂ－Ｂ'断面図

(3) 支給材料

品名	寸法又は規格	数量
敷板又は足場板	長さ3〜4m	2枚
ベース金具		6個(仮柱用も含む)
柱	単管　長さ 2.0m	4本
仮柱	単管　長さ 1.8〜2.0m	2本
陸ばり	単管　長さ 4.0m	2本
けた	単管　長さ 3.0m	2本
つか	単管　長さ 1.1m	3本
つか	単管　長さ 70cm	4本
むな木	単管　長さ 3.0m	2本
合掌	単管　長さ 2.4〜2.5m	4本
方づえ	単管　長さ 1.5m	8本
つなぎ材	単管　長さ 3.0m	1本
斜材	単管　長さ 1.6m	2本
斜材	単管　長さ 1.1m	4本
とびつき用	単管　長さ 4.0m	2本
とびつき用	単管　長さ 3.0m	1本
仮ひうち用	単管　長さ 2.0m	1本
※直交クランプ		31個
※自在クランプ		38個
3連直交クランプ		3個
くぎ	60〜65mm	16本

※図面の通りに仕上がるクランプを使用すること。

4 課題2 （重量物運搬）

次の注意事項に従って、そり（こした）にのせた質量 1000kg 程度の重量物を所定位置まで運搬しなさい。

(1) 注意事項

イ　運搬距離は、道板に沿って約 8m であること。

ロ　道板に沿ってころを操作し、てこを使用して運搬すること。

5 課題3 （重量物目測）

次の注意事項に従って、重量物の目測を行いなさい。

(1) 注意事項

イ　目測を行う重量物は、3 種類であること。

ロ　目測を行った質量値は、当日提示される解答用紙に記入し、技能検定委員に提出すること。

なお、この解答用紙には、必ず受検番号及び氏名を記入すること。

ハ　他の受検者との会話は、厳禁とする。

ニ　鋼製スケール（コンベックスルール）等の計測器具は使用しないこと。

1級とび(とび作業)実技試験使用工具等一覧表

1 受検者が持参するもの

品　　名	寸法又は規格	数量	備考
折り尺又は鋼製スケール		1	
ラチェットスパナ	ひもつきのもの	1	
金づち		1	
かじや(バール)	40cm程度のもの	1	
インパクトレンチ		1	解体時のみ使用 同等品も可
作業服等	上衣は長そでのもの	一式	
手袋		1組	
墜落制止用器具(安全帯)	フルハーネス型又は胴ベルト型(1本つり)	1	
保護帽		1	
作業靴	安全靴又は安全地下たび	1	
筆記用具		1	課題3の記入用
飲料		適宜	熱中症対策、水分 補給用

(注) 使用工具等は、上記のものに限るが、同一種類のものを予備として持参することはさしつかえ
ない。

なお、「飲料」については、受検者が各自で、熱中症対策、水分補給用として持参すること。

2 試験場に準備されているもの

数量は、特にことわりがない場合は、受検者1名当たりの数量とする。

(1) 真づか小屋組組立て用

品　　名	寸法又は規格	数量	備考
チョーク		1本	
すなわ等		1本	
つり袋	つり下げ型、布製バケツ等	1区画につき1	

(2) 重量物運搬用

品　　名	寸法又は規格	数量	備考
ころ	外径75mm程度、長さ1.2m程度の鋼管	1設備に付き4	
てこ	長さ1.8m程度の杉丸太又は鋼管	1設備に付き1	
大ハンマ		1設備に付き1	

とび

学科試験問題

平成31年度 技能検定
2級 とび 学科試験問題
（とび作業）

1. 試験時間　1時間40分
2. 問題数　50題(A群25題、B群25題)
3. 注意事項
   (1)　係員の指示があるまで、この表紙はあけないでください。
   (2)　答案用紙(真偽法と多肢択一法の併用)に検定職種名、作業名、級別、受検番号、氏名を必ず記入してください。
   (3)　係員の指示に従って、問題数を確かめてください。それらに異常がある場合は、黙って手を挙げてください。問題はA群(真偽法)とB群(多肢択一法)とに分かれています。
   (4)　試験開始の合図で始めてください。
   (5)　解答の方法(真偽法と多肢択一法の併用)は次のとおりです。
   　　イ．　A群の問題(真偽法)は、一つ一つの問題の内容が正しいか、誤っているかを判断して解答してください。
   　　ロ．　B群の問題(多肢択一法)は、正解と思うものを一つだけ選んで、解答してください。二つ以上に解答した場合は誤答となります。
   　　ハ．　答案用紙(マークシート用紙)へ解答する際は、答案用紙に記載されている注意事項に従ってください。
   　　ニ．　答案用紙の解答欄は、A群の問題とB群の問題とでは異なります。所定の解答欄に、試験問題の題数に応じて解答してください。解答欄はA群は50題まで、B群は25題まで解答できるようになっています。
   (6)　電子式卓上計算機その他これと同等の機能を有するものは、使用してはいけません。
   (7)　携帯電話等は、使用してはいけません。
   (8)　試験中、質問があるときは、黙って手を挙げてください。ただし、試験問題の内容、漢字の読み方等に関する質問にはお答えできません。
   (9)　試験終了時刻前に解答ができあがった場合は、黙って手を挙げて、係員の指示に従ってください。
   (10)　試験中に手洗いに立ちたいときは、黙って手を挙げて、係員の指示に従ってください。
   (11)　試験終了の合図があったら、筆記用具を置き、係員の指示に従ってください。

[A群(真偽法)]

1 高さ30mの単管足場では、建地を補強(2本組)する必要はない。

2 枠組足場の壁つなぎの間隔は、一般に、単管足場の場合よりも狭くしなければならない。

3 建築工事に使用する高さ8m以上の登り桟橋には、安全に作業床を渡るための措置を講じていれば、踊場を設ける必要はない。

4 布掘りとは、建築面積の全面にわたって掘削することをいう。

5 法肩に掘削土や材料等の重量物を置くと、土圧は増加する。

6 鉄骨造の組立てにおける縦割り形式(建て逃げ式)とは、移動式クレーン等で敷地の奥から手前へ建ててくる建方をいう。

7 家屋をジャッキで上げる場合は、一般に、片方にジャッキをかけ、一方は受け方を確実にして、片方ずつ交互に上げて行う。

8 コンクリート工作物の解体をコンクリートカッターで行う場合、冷却水は不要である。

9 コンクリート工作物を解体する場合には、解体材等の破片や粉じんの飛散を防止するためにシート類や防網による養生、仮囲いの設置、散水などの措置を講じるのがよい。

10 玉掛けワイヤロープ(2本づり)にて荷をつる場合、荷に加わる圧縮力は、つり角度が小さくなると、大きくなる。

11 重心の片寄ったコンクリート製の電柱をつる場合、2本のロープのうち、そえロープは、ききロープよりも長さが短い。

12 かけやは、このきりよりも小さな木づちである。

13 一般に、単管足場用鋼管のクランプ締めに使用するラチェットスパナの呼び寸法(大きさ)は、19mmである。

14 タワークレーンの能力を表す数値は、一般に、定格荷重と該当する作業半径との積で表す。

15 タワークレーンにおけるフロアクライミングは、超高層建築に使用される工法である。

[A群(真偽法)]

16 施工図面におけるGLは、一般に、地盤面を表す記号である。

17 下図において、Cは、AとBの力の合力として正しい。

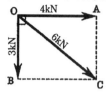

18 安全ネットの材料には、ナイロン、ビニロン、ポリエステル等の合成繊維が使用されている。

19 ワイヤロープは、小さい径のドラムに巻いたときよりも、大きい径のドラムに巻いたときの方が傷みやすい。

20 仮設事務所とは、建設する建築物の品質、工程、安全などの工事監理のために、施工者や監理者が業務を行うための事務所のことをいう。

21 コンクリート等で被覆されていない鉄骨造の建物は、火災に対して弱い。

22 廃棄物の処理及び清掃に関する法律関係法令によれば、建設業において工作物の新築、改築又は除去に伴って生じた木くずは、産業廃棄物に含まれる。

23 建築基準法関係法令によれば、建築物の建方を行うにあたっては、仮筋かいを取り付けるなど荷重又は外力による倒壊を防止するための措置を講じなければならない。

24 高さ15mの建設用リフトの運転は、特別教育を必要とする。

25 労働安全衛生法関係法令によれば、移動式クレーンの運転者は、荷をつったままで運転位置を離れてはならないと規定されている。

[B群(多肢択一法)]

1　くさび緊結式足場の組立てに関する記述として、適切でないものはどれか。
　　イ　脚部には、ジャッキ型ベース金具を使用して、くぎなどで固定する。
　　ロ　建地の間隔は、桁行方向1.85m以下、はり間方向1.5m以下とする。
　　ハ　地上第一の布の高さは、3m以下とする。
　　ニ　筋かいは、概ね45°になるように取り付ける。

2　山留め壁オープンカット工法(切ばり工法)に関する記述として、適切でないものはどれか。
　　イ　地盤条件や掘削深さによる制限が少ない。
　　ロ　切ばりの種類には、鋼製切ばり及び鉄筋コンクリート製切ばりがある。
　　ハ　法面を形成するためのスペースが必要となる。
　　ニ　切ばり支柱があるため、本体建築物などに開口補修が必要となる。

3　木造2階建ての建方の順序として、適切なものはどれか。
　　イ　土台　→　1階軸組　→　仮筋かい→　2階軸組　→　小屋組
　　ロ　土台　→　1階軸組　→　2階軸組　→　小屋組　→　仮筋かい
　　ハ　土台　→　1階軸組　→　小屋組　→　仮筋かい→　2階軸組
　　ニ　土台　→　1階軸組　→　小屋組　→　2階軸組　→　仮筋かい

4　コンクリートの打設に関する記述として、適切なものはどれか。
　　イ　打設時にコンクリートが固まり始めたので、水を加えた。
　　ロ　激しく雨が降っていたが、コンクリートを打設した。
　　ハ　コンクリートが少し足りなくなったので、砂と水を加えた。
　　ニ　打設後、乾燥しないように適時、散水を行った。

5　重量物運搬時に重量物の下に設置するころ及び道板に関する記述として、適切でないものはどれか。
　　イ　ころの本数が多ければ多いほど、軽く動く。
　　ロ　ころの直径が大きいほど、軽く動く。
　　ハ　ころは、一般に、鋼製のものが使用される。
　　ニ　木製の道板を使用する場合には、道金(鉄板)を設置するとよい。

6　次のコンクリート工作物の解体工法のうち、解体時の騒音が最も少ないものはどれか。
　　イ　ハンドブレーカー工法
　　ロ　圧砕工法
　　ハ　大型ブレーカー工法
　　ニ　静的破砕工法

7 コンクリート工作物の解体方法の一つである圧砕工法に関する記述として、適切でないものはどれか。
 イ 粉じんの発生が比較的多いため、散水設備が必要である。
 ロ 騒音や振動は、大型ブレーカー工法に比べて、大きい。
 ハ 圧砕機を地上に据えての作業では、高さ20m程度の工作物の解体が可能である。
 ニ 圧砕機を地上に据える場合、地盤の接地耐力を十分に検討する必要がある。

8 下図の玉掛け方法は、次のうちどれか。
 イ 半掛け
 ロ あや掛け
 ハ あだ巻き
 ニ 目通し(しぼり)

9 玉掛け用補助具として、玉掛け用ワイヤロープの保護に使用するものはどれか。
 イ つり袋
 ロ 当物
 ハ クランプ
 ニ 天びん

10 研削といしに関する記述として、適切でないものはどれか。
 イ 研削といしを取り替えた時は、試運転は必要ない。
 ロ 研削といしを使用する時は、その最高使用周速度を超えてはならない。
 ハ 原則として、研削といしの側面を使用してはならない。
 ニ 研削といしには、危険防止のための安全カバーを取り付けなければならない。

11 クレーンに関する記述として、誤っているものはどれか。
 イ タワークレーンには、水平式と起伏式がある。
 ロ アウトリガは、トラッククレーン等の安定装置である。
 ハ 鉄骨平屋建倉庫の建方には、移動式クレーンが適している。
 ニ タワークレーンは、短期間の工事に適している。

12 一般に、平面図の上方の方角として、適切なものはどれか。
 イ 東
 ロ 西
 ハ 南
 ニ 北

[B群(多肢択一法)]

13　滑車を使用する荷揚げに関する記述として、正しいものはどれか。
　　イ　定滑車を使用すると、力は1／2でよい。
　　ロ　動滑車を使用すると、つり上げ速度は速くなる。
　　ハ　動滑車を使用した場合、力は変わらない。
　　ニ　定滑車を使用した場合、つり上げ速度は変わらない。

14　型枠構成材料に関する記述として、適切でないものはどれか。
　　イ　パイプサポートは、せき板を所定の間隔に保つために用いられるものである。
　　ロ　せき板の種類には、木製、金属製、プラスチック製などがある。
　　ハ　スペーサとは、鉄筋などに所定のかぶり厚さを与えたり、型枠などとの間隔を適切に保持するためのものである。
　　ニ　フォームタイは、型枠の締付け金物の一つである。

15　建築工事用シートに関する記述として、適切でないものはどれか。
　　イ　帆布製シート及び網地製シート(メッシュシート)がある。
　　ロ　網地製シート(メッシュシート)の網目の寸法は、15mmである。
　　ハ　建築工事用シート各辺の縁部は、はとめ金具が容易に外れない構造である。
　　ニ　建築工事用シートは、縫い目のとびや縫い外れがなく、縫い代がほぼ均一である。

16　建築材料に関する記述として、誤っているものはどれか。
　　イ　常温常圧において、鉄筋の線膨張係数は、普通コンクリートの3倍である。
　　ロ　木材の辺材は、一般に、心材よりも腐朽しやすい。
　　ハ　コンクリートの圧縮強度は、一般に、引張強度の10倍程度である。
　　ニ　木材は、繊維方向よりも繊維に直角方向の方が、圧縮強度が小さい。

17　クレーン等安全規則における玉掛用具の安全係数として、誤っているものはどれか。
　　イ　玉掛け用ワイヤロープは、6以上である。
　　ロ　玉掛け用チェーンは、4又は5以上である。
　　ハ　フックは、4以上である。
　　ニ　シャックルは、5以上である。

18 建設現場における仮設物に関する記述として、適切でないものはどれか。
    イ 防護構台とは、道路・通路あるいは歩道上などで、工事現場より資材落下の
      おそれがある場合、車両や歩行者を保護するために設けるものをいう。
    ロ 下小屋とは、建築物などを覆い、雨天時でも工事を可能とするために設ける
      ものをいう。
    ハ 乗入れ構台とは、地盤掘削などの工事を行う際に、関係機械車両の走行や資
      材などの仮置きなどに使用されるものをいう。
    ニ 荷受け構台とは、資材や廃棄物などを搬出入するために設けるものをいう。

19 仮囲いの構造等に関する記述として、適切でないものはどれか。
    イ 工事期間に見合った耐力を有すること。
    ロ 強風等を受けても倒れない構造であること。
    ハ 道路に接する出入口や通用口の扉は、外開きとすること。
    ニ 仮囲いの下端は、隙間がないようにすること。

20 次のうち、組積造はどれか。
    イ 鉄骨造
    ロ 鉄筋コンクリート造
    ハ 補強コンクリートブロック造
    ニ 鉄骨鉄筋コンクリート造

21 木造建築物の小屋組に使われる部材の名称として、適切でないものはどれか。
    イ 棟木
    ロ 胴差し
    ハ たる木
    ニ 母屋

22 建設工事に係る資材の再資源化等に関する法律(建設リサイクル法)関係法令によれ
  ば、特定建設資材でないものはどれか。
    イ コンクリート
    ロ 木材
    ハ 紙くず
    ニ アスファルト・コンクリート

23 建築基準法関係法令によれば、次のうち、特殊建築物として規定されていないもの
  どれか。
    イ 店舗
    ロ 体育館
    ハ 病院
    ニ 学校

[B群(多肢択一法)]

24 安全靴の使用に関する記述として、適切でないものはどれか。
　イ　事業者は、労働者に作業の状況に応じて、安全靴等の適切な履物を定め、それを使用させなければならない。
　ロ　甲被又は表底が著しく損傷しても、作業に支障がなければそのまま使用してもよい。
　ハ　労働者は、事業者の定めた履物の使用を命じられたときは、それを使用しなければならない。
　ニ　安全靴を使用する目的は、くぎ等の踏み抜き防止や、落下した材料から防護することにある。

25 熱中症対策に関する記述として、適切でないものはどれか。
　イ　定期的に水分及び塩分を摂取する。
　ロ　通気性のよい作業服を着用する。
　ハ　体調管理を十分に行う。
　ニ　熱への順化のため、高温多湿作業場所にて長時間作業を行う。

平成 30 年度 技能検定
2 級 とび 学科試験問題
（とび作業）

1. 試験時間　1 時間 40 分
2. 問題数　50 題(A 群 25 題、B 群 25 題)
3. 注意事項
   (1)　係員の指示があるまで、この表紙はあけないでください。
   (2)　答案用紙(真偽法と多肢択一法の併用)に検定職種名、作業名、級別、受検番号、氏名を必ず記入してください。
   (3)　係員の指示に従って、問題数を確かめてください。それらに異常がある場合は、黙って手を挙げてください。問題は A 群(真偽法)と B 群(多肢択一法)とに分かれています。
   (4)　試験開始の合図で始めてください。
   (5)　解答の方法(真偽法と多肢択一法の併用)は次のとおりです。
   　　イ．　A 群の問題(真偽法)は、一つ一つの問題の内容が正しいか、誤っているかを判断して解答してください。
   　　ロ．　B 群の問題(多肢択一法)は、正解と思うものを一つだけ選んで、解答してください。二つ以上に解答した場合は誤答となります。
   　　ハ．　答案用紙(マークシート用紙)へ解答する際は、答案用紙に記載されている注意事項に従ってください。
   　　ニ．　答案用紙の解答欄は、A 群の問題と B 群の問題とでは異なります。所定の解答欄に、試験問題の題数に応じて解答してください。解答欄は A 群は 50 題まで、B 群は 25 題まで解答できるようになっています。
   (6)　電子式卓上計算機その他これと同等の機能を有するものは、使用してはいけません。
   (7)　携帯電話等は、使用してはいけません。
   (8)　試験中、質問があるときは、黙って手を挙げてください。ただし、試験問題の内容、漢字の読み方等に関する質問にはお答えできません。
   (9)　試験終了時刻前に解答ができあがった場合は、黙って手を挙げて、係員の指示に従ってください。
   (10)　試験中に手洗いに立ちたいときは、黙って手を挙げて、係員の指示に従ってください。
   (11)　試験終了の合図があったら、筆記用具を置き、係員の指示に従ってください。

[A群(真偽法)]

1　朝顔の突出し長さは、水平距離で足場の外側から1mにするとよい。

2　労働安全衛生法関係法令によれば、単管足場(本足場)にあっては、建地間の積載荷重の限度を、400kg以内としなければならない。

3　労働安全衛生法関係法令によれば、高さが5m以上の枠組み足場の壁つなぎの間隔は、垂直方向9m以下で、水平方向8m以下としなければならない。

4　掘削工事において、法付け(法面)オープンカット工法は、敷地に余裕があり、また、わき水のおそれのない現場に適している。

5　ディープウェル工法は、止水壁の内側の地下水を排水し、水位を下げて掘削作業をしやすくする工法である。

6　高力ボルト(ハイテンションボルト)を締め付ける力は、強ければ強いほどよい。

7　木造家屋を曳く場合、木製の道板を使用する場合には、道板の上に道金(鉄の板)を置くとよい。

8　労働安全衛生法関係法令によれば、高さが5m以上のコンクリート造の工作物の解体作業は、コンクリート造の工作物の解体等作業主任者が直接指揮しなければならないと規定されている。

9　解体などに使用する圧砕機は、垂直たたきにも適している。

10　玉掛け用ワイヤロープの基本安全荷重(玉掛け用具1本又は1個を用いて垂直につるすことができる最大の荷重)の求め方として、下式は正しい。

$$基本安全荷重 = \frac{換算係数 \times 安全係数}{切断荷重}$$

11　物体をつり上げる場合、重心の位置は、低いほどつり荷が安定する。

12　木材を電動丸のこで切断する場合、安全カバーを固定して作業を行ってはならない。

13　レベルは、距離測定や面積測定にも使用される測量機器である。

14　タワークレーンには、水平式と起伏式とがあるが、トロリーがあるのは、起伏式の方である。

15　クローラークレーンは、定置式クレーンの一種である。

16　施工図面におけるFLは、一般に、地盤面を表す記号である。

17　荷をつり上げる場合は、定滑車1個を使用すると、半分の力でつり上げることができる。

18　シャックルは、一般に、U字型の金具の両端を環状にし、ボルトで縫ったものである。

19　コンクリートは、酸性である。

20　労働安全衛生法関係法令によれば、土止め支保工の圧縮材(火打ちを除く。)の継手は、突合わせ継手としなければならない。

21　鉄骨造は、被覆をしなくても耐火構造である。

22　現場事務所に使用される仮設事務所の構造等は、建築基準法上の制限を受ける。

23　建築基準法関係法令によれば、コンクリートは、不燃材料ではない。

24　重量物の運搬、踏み抜き等の危険の多い作業には、安全靴を使用する方がよい。

25　墜落の危険がある高さ2.5mの位置で行う足場の解体作業には、安全帯を使用しなくてもよい。

[B群(多肢択一法)]

1　文中の(　　)内に当てはまる数値として、正しいものはどれか。

　　労働安全衛生法関係法令によれば、足場板を長手方向に重ねるときは、支点の上で重ね、その重ねた部分の長さは、(　　)cm以上とすることと規定されている。

　　イ　10
　　ロ　15
　　ハ　20
　　ニ　25

2　文中の(　　)内に当てはまる数値として、正しいものはどれか。

　　労働安全衛生法関係法令によれば、手掘り掘削面のこう配の基準は、堅い粘土からなる地山の高さが5m以上のとき、掘削面のこう配は、(　　)° 以下とすることと規定されている。

　　イ　90
　　ロ　75
　　ハ　60
　　ニ　30

3　文中の(　　)内に当てはまる数値として、最も適切なものはどれか。

　　一般的な鉄骨建方において、本締めボルト数に対する仮ボルト数の割合は、原則として、(　　)以上である。

　　イ　1/10
　　ロ　1/5
　　ハ　1/3
　　ニ　1/2

4　下図において、鉄筋に対するコンクリートのかぶり厚さを示す寸法表示として、正しいものはどれか。

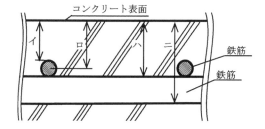

5　荷の運搬作業に関する記述として、最も適切なものはどれか。

　　イ　つり荷の重量目測は、原則として、少なめに目測する。
　　ロ　つり荷の高さは、原則として、1mに保ち水平移動する。
　　ハ　つり荷の下に作業者等が立ち入ってはならない。
　　ニ　荷をつったままでも、安全ロックをすれば、運転位置を離れてもよい。

6 静的破砕工法が最も適している構造体はどれか。
　　イ　鉄筋コンクリートの壁部分
　　ロ　鉄筋コンクリートの床部分
　　ハ　鉄骨鉄筋コンクリートの柱部分
　　ニ　無筋コンクリートの基礎部分

7 高さ5m以上のコンクリート造工作物の解体又は破壊の作業に関する記述として、誤っているものはどれか。
　　イ　作業に使用する器具や工具等を上げ下ろしするときは、つり綱、つり袋などを使用する。
　　ロ　強風、大雨、大雪等の悪天候のため作業の実施について危険が予想されるときは、作業を中止する。
　　ハ　作業中に周囲の安全が確認できれば保護帽を着用しなくてもよい。
　　ニ　外壁の引き倒しをするときは、一定の合図を定め、この合図を関係労働者に周知させる。

8 下図のつり荷の掛かり方のうち、あだ巻はどれか。

イ 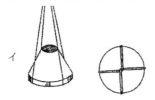　　　ロ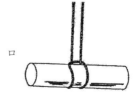

ハ 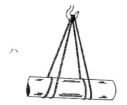　　　ニ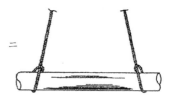

9 ワイヤロープに関する記述として、適切でないものはどれか。
　　イ　新品のワイヤロープには、1巻(一条)の長さが200mのものがある。
　　ロ　台付け用ワイヤロープは、玉掛け用として使用してよい。
　　ハ　ワイヤロープの端部アイ(蛇口)の種類には、かご差し、クリップ止め、圧縮止め等がある。
　　ニ　巻き上げ用ワイヤロープは、ウインチドラムの径が小さいほどロープの寿命が短くなる。

[B群(多肢択一法)]

10　文中の(　　)内に当てはまる語句として、適切なものはどれか。
　　　とび作業において、(　　)とは、番線で足場の丸太や型枠の締付け、置板等の緊結などをする工具である。
　　　イ　かじや
　　　ロ　しの
　　　ハ　かけや
　　　ニ　テコ

11　現場で使用する電動工具等のうち、接地アース線を設けなくてもよいものはどれか。
　　　イ　200Vの溶接機
　　　ロ　2.5kWの電動ウインチ
　　　ハ　2.2kWの水中ポンプ
　　　ニ　二重絶縁の電動ドリル

12　一般的な施工図に用いる略記号とその名称の組合せとして、正しいものはどれか。
　　　(略記号)　　(名称)
　　　イ　C ——— 基礎
　　　ロ　F ——— 柱
　　　ハ　W——— 壁
　　　ニ　G ——— 小ばり

13　下図において、100kgと20kgが釣り合う場合のXの値として、正しいものはどれか。

　　　イ　3m
　　　ロ　5m
　　　ハ　6m
　　　ニ　10m

14　枠組足場の部材の用途に関する記述として、適切でないものはどれか。
　　　イ　布枠のつかみ金具が4隅4か所で構成されたものは、水平材の役目をする。
　　　ロ　階段枠を取り付けた場合でも、筋かいは必要である。
　　　ハ　アームロックは、脚柱の抜け止めの役目をする。
　　　ニ　交差筋かいは、建枠の片側に取り付ければよい。

15 型枠相互の間隔を保つために用いる金物で、コンクリート内に埋められるものはどれか。
    イ　フォームタイ
    ロ　セパレータ
    ハ　コラムクランプ
    ニ　スペーサ

16 次のワイヤロープの種別のうち、建設現場において、一般に、使用されるものはどれか。
    イ　6×24−A種
    ロ　6×19−G種
    ハ　6×19−A種
    ニ　6×37−G種

17 労働安全衛生法関係法令によれば、玉掛け用ワイヤロープの安全係数として、正しいものはどれか。
    イ　3以上
    ロ　4以上
    ハ　5以上
    ニ　6以上

18 下図の土止め支保工の組立て図のうち、腹起しを示しているものはどれか。

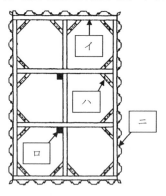

19 文中の(　　)内に当てはまる語句として、正しいものはどれか。
    歩行者の防護安全を目的として歩道に設けるオーバーブリッジには、骨組材として(　　)が多く使用されている。
    イ　H形鋼
    ロ　T形鋼
    ハ　C形鋼
    ニ　不等辺山形鋼(アングル)

［B群(多肢択一法)］

20　文中の(　　)内に当てはまる語句の組合せとして、適切なものはどれか。
　　　鉄筋コンクリート造は、略して(　①　)といい、(　②　)性の自由度が高いことが大きな特徴である。
　　　　　　①　　　　②
　　イ　RC造　　　加工
　　ロ　RC造　　　造形
　　ハ　SRC造　　加工
　　ニ　SRC造　　造形

21　木造建築物の構法として、適切でないものはどれか。
　　イ　在来軸組構法
　　ロ　枠組壁構法
　　ハ　木質プレハブ構法
　　ニ　一体式構法

22　文中の(　　)内に当てはまる数値として、正しいものはどれか。
　　　建築基準法関係法令によれば、鉄骨鉄筋コンクリート造における鉄骨に対するコンクリートのかぶり厚さは、(　　)cm以上としなければならないと規定されている。
　　イ　3
　　ロ　4
　　ハ　5
　　ニ　6

23　建築基準法関係法令で定める主要構造部に含まれているものはどれか。
　　イ　屋根
　　ロ　間仕切壁
　　ハ　小ばり
　　ニ　ひさし

24　文中の(　　)内に当てはまる数値として、正しいものはどれか。
　　　労働安全衛生法関係法令によれば、脚立は、脚と水平面との角度を(　　)°以下とし、かつ、折りたたみ式のものにあっては、脚と水平面との角度を確実に保つための金具等を備えることと規定されている。
　　イ　90
　　ロ　85
　　ハ　80
　　ニ　75

25 文中の(　　)内に当てはまる数値として、正しいものはどれか。

　　労働安全衛生法関係法令によれば、高所作業車の運転の業務として技能講習の修了が必要と定められているのは、作業床の高さが(　　)m以上のものである。

　　イ　3
　　ロ　6
　　ハ　10
　　ニ　15

平成29年度 技能検定
2級 とび 学科試験問題
（とび作業）

1. 試験時間　1時間40分
2. 問題数　　50題(A群25題、B群25題)
3. 注意事項
   (1) 係員の指示があるまで、この表紙はあけないでください。
   (2) 答案用紙(真偽法と多肢択一法の併用)に検定職種名、作業名、級別、受検番号、氏名を必ず記入してください。
   (3) 係員の指示に従って、問題数を確かめてください。それらに異常がある場合は、黙って手を挙げてください。問題はA群(真偽法)とB群(多肢択一法)とに分かれています。
   (4) 試験開始の合図で始めてください。
   (5) 解答の方法(真偽法と多肢択一法の併用)は次のとおりです。
   　イ．　A群の問題(真偽法)は、一つ一つの問題の内容が正しいか、誤っているかを判断して解答してください。
   　ロ．　B群の問題(多肢択一法)は、正解と思うものを一つだけ選んで、解答してください。二つ以上に解答した場合は誤答となります。
   　ハ．　答案用紙(マークシート用紙)へ解答する際は、答案用紙に記載されている注意事項に従ってください。
   　ニ．　答案用紙の解答欄は、A群の問題とB群の問題とでは異なります。所定の解答欄に、試験問題の題数に応じて解答してください。解答欄はA群は50題まで、B群は25題まで解答できるようになっています。
   (6) 電子式卓上計算機その他これと同等の機能を有するものは、使用してはいけません。
   (7) 携帯電話等は、使用してはいけません。
   (8) 試験中、質問があるときは、黙って手を挙げてください。ただし、試験問題の内容、漢字の読み方等に関する質問にはお答えできません。
   (9) 試験終了時刻前に解答ができあがった場合は、黙って手を挙げて、係員の指示に従ってください。
   (10) 試験中に手洗いに立ちたいときは、黙って手を挙げて、係員の指示に従ってください。
   (11) 試験終了の合図があったら、筆記用具を置き、係員の指示に従ってください。

[A群(真偽法)]

1 労働安全衛生法関係法令によれば、一側足場を除く足場における高さ2.4mの作業場所には、作業床は不要であるとされている。

2 労働安全衛生法関係法令によれば、建設用リフトの荷台と荷の取り入れ口の隙間は、4cm以下とされている。

3 壁つなぎ専用金具の最大使用長さは、一般に、1.2m以下にするとよい。

4 ウェルポイント工法は、周囲の地下水の水位を下げて、掘削作業をしやすくする工法である。

5 堅固な地盤では、割栗地業を必要としない。

6 高力ボルト(ハイテンションボルト)を使って鉄骨を接合する場合は、一般に、座金(ワッシャ)を使用しない。

7 建築物のひき方工事の手順は、ひき方準備、腰組、あげ方、ひき方及び定着の順である。

8 鉄筋コンクリート造建築物を解体する場合、築後年数により強度等が違うため、重機の乗り入れ時に注意が必要である。

9 コンクリートガラは、再生骨材としては使用できない。

10 クレーン作業において、運転士に対して合図を行う者として指名を受ける者は、1名が望ましい。

11 労働安全衛生法関係法令によれば、クレーン、移動式クレーン又はデリックの玉掛け用ワイヤロープは、安全係数が6以上のものでなければ使用してはならないと規定されている。

12 かけやには、胴(頭)が木製のものの他に鉄製のものもある。

13 セオドライト(トランシット)は、主として、鉛直角及び水平角を測る器具である。

14 ローリングタワーは、人を搭乗させたまま移動させてはならない。

15 タワークレーンには、水平式と起伏式とがある。

[A群(真偽法)]

16　一般に使用される鉄筋コンクリート造建築物の部材とその記号の組合せとして、下記はすべて正しい。
　　　柱－G　　床スラブ－B　　大ばり－C　　壁－F

17　荷を横引きする場合、荷が動き出すまでの静止の摩擦力は、荷が動き出した後の運動の摩擦力よりも小さい。

18　ターンバックルは、鉄骨造の建入れ直しにも使用される。

19　木造建築物において、圧縮力を負担する筋かいには、鉄筋が使用される。

20　建築基準法関係法令によれば、5階建ての鉄筋コンクリート造建築物を建築する場合、工事現場の周囲に設ける仮囲いの高さは、原則として、地盤面から1.5mと規定されている。

21　鉄筋コンクリート造のような構造を、一体式構造という。

22　廃棄物の処理及び清掃に関する法律関係法令によれば、汚泥や廃油は、廃棄物に含まれる。

23　建築基準法関係法令によれば、学校や体育館は、特殊建築物に含まれていない。

24　労働安全衛生法関係法令によれば、建設工事に使用する高さ8m以上の登りさん橋には、7m以内ごとに踊場を設けなければならないと規定されている。

25　労働安全衛生法関係法令によれば、脚立は、脚と水平面との角度を80°以下としなければならないと規定されている。

1 親綱支柱の足場への取付けに関する記述として、誤っているものはどれか。
    イ 親綱支柱は、10m以下の間隔で枠組足場の建枠に取付け金具により確実に取り付ける。
    ロ 親綱支柱への水平親綱の取付け等は、緊張器等により緩みのないように張る。
    ハ 親綱支柱に控え綱を取る場合は、支柱の外方1スパンの位置の建枠より取る。
    ニ 親綱支柱に張る水平親綱は、合成繊維ロープで直径9～10mmのものを使用する。

2 のり付けオープンカット工法の長所として、誤っているものはどれか。
    イ 土止め支保工を必要としないため、経済的である。
    ロ 大型掘削機による施工が可能で、作業能率もよい。
    ハ 山留め壁を用いた工法よりも施工管理がしやすい。
    ニ 広い敷地を必要としない。

3 鉄骨の建方の順序として、正しいものはどれか。
    イ 仮ボルト → ゆがみ直し → 建方 → 本締め
    ロ 建方 → 仮ボルト → ゆがみ直し → 本締め
    ハ 建方 → 本締め → 仮ボルト → ゆがみ直し
    ニ 建方 → 本締め → ゆがみ直し → 仮ボルト

4 野地(屋根下地)作業における安全上の注意点に関する記述として、誤っているものはどれか。
    イ 霜のおりているときは、霜がとけて乾くまで作業は行わない。
    ロ 材料や工具が落下しないようにする。
    ハ 資材を仮置きするときは、1か所にまとめて置いておく。
    ニ 屋根への昇降に使用するはしごは、転位防止の措置をとる。

5 次のうち、重量物運搬時に重量物の下に設置するころの本数として、適切なものはどれか。
    イ 1本
    ロ 2本
    ハ 3本
    ニ 7本

6 空気圧又は油圧によるたがねの振動打撃によってコンクリートを解体する工法はどれか。
    イ ブレーカー工法
    ロ 圧砕工法
    ハ カッター工法
    ニ 静的破砕工法

[B群(多肢択一法)]

7　次の機械を使用する解体方法のうち、一般に、最も騒音の大きい機械はどれか。
　　　イ　大型ブレーカー
　　　ロ　圧砕機
　　　ハ　ワイヤソー
　　　ニ　油圧孔拡大機

8　労働安全衛生法関係法令によれば、特別教育を必要とする業務として、誤っている
　　ものはどれか。
　　　イ　つり上げ荷重5t未満のクレーンの運転の業務
　　　ロ　つり上げ荷重1t以上5t未満の移動式クレーンの運転の業務
　　　ハ　つり上げ荷重5t未満のデリックの運転の業務
　　　ニ　つり上げ荷重1t未満のクレーン、移動式クレーン又はデリックの玉掛けの業
　　　　務

9　玉掛けの方法に関する記述として、誤っているものはどれか。
　　　イ　重心の位置が片寄っている物は、水平につり上げるようにする。
　　　ロ　フックは、つり荷の重心の真上に誘導する。
　　　ハ　重心の位置は、できるだけ高くする。
　　　ニ　地切り後、必ず一旦停止をする。

10　ワイヤロープの手入れに関する説明として、誤っているものはどれか。
　　　イ　キンクが生ずるおそれがある箇所は、すぐに直しておく。
　　　ロ　湿気や雨水にさらされたときは、水気を十分に拭き取ってから塗油する。
　　　ハ　塵埃の多い箇所では使用の都度、ゴミを取り除き、油布でよく拭く。
　　　ニ　腐食を発見したら、油布でよく拭いてから、直射日光がよく当たる場所に保
　　　　管する。

11　移動式クレーンにおけるアウトリガの役割として、正しいものはどれか。
　　　イ　設置面の保護
　　　ロ　車幅の確認
　　　ハ　転倒防止
　　　ニ　機体の沈下防止

12　下記の図面の種類のうち、建物の床高、軒高等の高さの関係と外壁、開口部との関
　　係を詳細に示すものはどれか。
　　　イ　平面図
　　　ロ　矩計図
　　　ハ　配置図
　　　ニ　立面図

13 文中の(　　)内に当てはまる語句として、適切なものはどれか。
　　クレーン等で荷を吊って旋回している時、急に旋回を止めると荷が大きく振れるのは、主に(　　)が作用するためである。
　　　イ　摩擦力
　　　ロ　慣性力
　　　ハ　重力
　　　ニ　応力

14 飛来落下又は飛散防止設備として使用される材料で、風による影響を最も受けにくいものはどれか。
　　　イ　メッシュシート
　　　ロ　防音パネル
　　　ハ　帆布シート
　　　ニ　グリーンネット

15 一般に使用される鋼製足場板の長さの標準寸法の組合せとして、適切なものはどれか。
　　　イ　3.6mと5m
　　　ロ　3mと5m
　　　ハ　2mと4m
　　　ニ　1.5mと3m

16 コンクリートの特徴として、適切でないものはどれか。
　　　イ　圧縮強度が大きい。
　　　ロ　成形が容易である。
　　　ハ　ひび割れが生じにくい。
　　　ニ　耐久性に優れる。

17 一般に、単管足場に用いられている鋼管の材質を表す記号として、正しいものはどれか。
　　　イ　SS
　　　ロ　SM
　　　ハ　GS
　　　ニ　STK

18 文中の(　　)内に当てはまる数値として、正しいものはどれか。
　　労働安全衛生法関係法令によれば、たて坑内の架設通路でその長さが15m以上であるものは、(　　)m以内ごとに踊場を設けなければならないと規定されている。
　　　イ　2
　　　ロ　5
　　　ハ　10
　　　ニ　15

［B群(多肢択一法)］

19 次の山留め壁のうち、止水壁でないものはどれか。
   イ 親杭横矢板壁
   ロ 鋼管矢板壁
   ハ ソイルセメント壁
   ニ 鋼矢板壁

20 下図の屋根形状の名称として、正しいものはどれか。

   イ 切妻屋根
   ロ 片流れ屋根
   ハ 方形屋根
   ニ 入母屋屋根

21 建築構造に関する記述として、適切でないものはどれか。
   イ 木造における真壁造とは、柱が見える造り方である。
   ロ 鉄骨造は、主体構造を鉄鋼材で構成するものである。
   ハ 鉄骨鉄筋コンクリート造は、主体構造を鉄骨と鉄筋コンクリートで構成する
       ものである。
   ニ コンクリートブロック造は、壁等を石材やれんがで構成するものである。

22 文中の(   )内に当てはまる数値として、適切なものはどれか。
       建設工事に係る資材の再資源化等に関する法律(建設リサイクル法)関係法令によ
   れば、建築物の解体工事で分別解体等実施義務の対象となる建設工事の規模に関す
   る基準の一つとして、解体する建築物の床面積の合計が(   )m²以上の場合があ
   る。
   イ 20
   ロ 80
   ハ 200
   ニ 500

23 建ぺい率を表している計算式として、正しいものはどれか。
   イ 敷地面積÷建築面積
   ロ 建築面積÷敷地面積
   ハ 床面積÷敷地面積
   ニ 敷地面積÷床面積

24 文中の(　　)内に当てはまる数値として、正しいものはどれか。
　　労働安全衛生法関係法令によれば、鋼管足場(鋼管規格に適合する鋼管を用いて構成される鋼管足場)の単管足場にあっては、建地間の積載荷重の限度は、(　　)kgとしなければならない。
　　イ　200
　　ロ　400
　　ハ　600
　　ニ　800

25 文中の(　　)内に当てはまる数値として、正しいものはどれか。
　　労働安全衛生法関係法令によれば、事業者は、高さ又は深さが(　　)mを超える箇所で作業を行うときは、当該作業に従事する労働者が安全に昇降するための設備を設けなければならないと規定されている。
　　イ　1.2
　　ロ　1.3
　　ハ　1.4
　　ニ　1.5

平成 31 年度 技能検定
1 級 とび 学科試験問題
（とび作業）

1. 試験時間　1 時間 40 分
2. 問題数　　50 題(A 群 25 題、B 群 25 題)
3. 注意事項
   (1) 　係員の指示があるまで、この表紙はあけないでください。
   (2) 　答案用紙(真偽法と多肢択一法の併用)に検定職種名、作業名、級別、受検番号、氏名を必ず記入してください。
   (3) 　係員の指示に従って、問題数を確かめてください。それらに異常がある場合は、黙って手を挙げてください。問題は A 群(真偽法)と B 群(多肢択一法)とに分かれています。
   (4) 　試験開始の合図で始めてください。
   (5) 　解答の方法(真偽法と多肢択一法の併用)は次のとおりです。
   　　イ．　A 群の問題(真偽法)は、一つ一つの問題の内容が正しいか、誤っているかを判断して解答してください。
   　　ロ．　B 群の問題(多肢択一法)は、正解と思うものを一つだけ選んで、解答してください。二つ以上に解答した場合は誤答となります。
   　　ハ．　答案用紙(マークシート用紙)へ解答する際は、答案用紙に記載されている注意事項に従ってください。
   　　ニ．　答案用紙の解答欄は、A 群の問題と B 群の問題とでは異なります。所定の解答欄に、試験問題の題数に応じて解答してください。解答欄は A 群は 50 題まで、B 群は 25 題まで解答できるようになっています。
   (6) 　電子式卓上計算機その他これと同等の機能を有するものは、使用してはいけません。
   (7) 　携帯電話等は、使用してはいけません。
   (8) 　試験中、質問があるときは、黙って手を挙げてください。ただし、試験問題の内容、漢字の読み方等に関する質問にはお答えできません。
   (9) 　試験終了時刻前に解答ができあがった場合は、黙って手を挙げて、係員の指示に従ってください。
   (10) 　試験中に手洗いに立ちたいときは、黙って手を挙げて、係員の指示に従ってください。
   (11) 　試験終了の合図があったら、筆記用具を置き、係員の指示に従ってください。

[A群(真偽法)]

1 枠組足場の脚柱をジャッキ型ベース金具に差込む場合、その差込み長さは、10cm以上にするとよい。

2 安全ネットを取り付ける場合、落下高さができるだけ大きくなるようにするとよい。

3 単管足場において、高さ2m以上の作業場所に設けた作業床には、高さ85cm以上の手すり及び高さ35〜50cmの中桟等を取り付ける。

4 砂質土は、シルトよりも粒径が小さい。

5 山留め壁や地中の構造物等に加わる土圧には、主働土圧及び受働土圧がある。

6 コンクリートを打設する場合、スランプ値が大きいものは、軟らかいため、型枠支保工に加わる側圧が小さい。

7 鉄骨の建方の一つであるリフトアップ工法とは、床又は屋根の鉄骨を地上で地組したものを、ジャッキ等で上昇させて、本柱に定着させる工法をいう。

8 家屋を曳く場合、ころの直径が小さいほど、軽く動く。

9 曳き家工事における下受工法(下腰工法)は、土台の下に鋼材を入れ、建築物の荷重を受けて移動する工法で、主に、木造住宅の移動に用いられる。

10 一般に、玉掛け作業で多く使用されるワイヤロープは、普通よりの6×24−A種である。

11 下図の掛け方は、目通しづりである。

12 ウインチの溝なしドラムにワイヤロープが巻き込まれる場合、フリートアングル(中心線からの角度)の値は、2°以内にしなければならない。

[A群(真偽法)]

13 積載形トラッククレーンでは、一般に、つり上げる全ての方向において、空車時の定格総荷重は変わらない。

14 躯体施工図における略記号FGは、基礎ばりを表す。

15 物体の位置や置き方が変わっても、その物体の重心の位置は変わらない。

16 安全ブロックは、墜落防止のための器具であり、フックを墜落制止用器具(安全帯)のD環にかけて使用する。

17 バウシャックルの記号「BD20」において、Bがシャックルの本体、Dがボルト又はピン、20が呼びを表す記号である。

18 普通ポルトランドセメントは、一般に、アルミナセメントよりも硬化が速い。

19 日本工業規格(JIS)によれば、異形棒鋼の標準長さ(定尺)は、2.0〜15.0mと規定されている。

20 鉄骨ばりに直接作業床を懸垂するつり枠足場は、鉄骨ばり下弦材により懸垂する方法、鉄骨ばり上弦材により懸垂する方法等がある。

21 鉄骨造は、被覆をしなくても耐火構造である。

22 現場事務所に使用される仮設事務所の構造等には、建築基準法上の制限はない。

23 労働安全衛生法関係法令によれば、事業者は、高さ2m以上の箇所で作業を行う場合において、強風、大雨、大雪等の悪天候のため、当該作業の実施について危険が予想されるときは、当該作業に労働者を従事させてはならないと規定されている。

24 酸素欠乏のおそれのある場所での作業を行うときは、酸素欠乏危険作業主任者の指揮のもと、空気中の酸素濃度が18%以上あるかを確かめてから作業しなければならない。

[B群(多肢択一法)]

1 くさび緊結足場の組立てに関する記述として、適切でないものはどれか。
   イ 腕木の上下方向の間隔は、2m以下とし、布の取付け位置と同一にする。
   ロ 足場からの物体等落下防止のための幅木の高さは、10cm以上とする。
   ハ 建地の間隔は、桁行方向1.5m以下、はり間方向1.85m以下とする。
   ニ 建地の脚部には、ジャッキ型ベース金具を使用し、くぎ止め等を行い滑動しないようにする。

2 労働安全衛生法関係法令によれば、作業構台に関する記述として、誤っているものはどれか。
   イ 作業構台の支柱は、その滑動又は沈下を防止するため、当該作業台を設置する場所の地質等の状態に応じた根入れを行う。
   ロ 支柱、はり、筋かい等の緊結部、接続部又は取付部は、変位、脱落等が生じないよう緊結金具等で堅固に固定する。
   ハ 高さ2m以上の作業床の床材間の隙間は、5cm以下とする。
   ニ 高さ2m以上の作業床の端で、墜落により労働者に危険を及ぼすおそれのある箇所には、手すり等及び中桟等を設ける。

3 基礎工事に関する記述として、誤っているものはどれか。
   イ ウェルポイント工法は、真空を利用して揚水する工法のため、隣接地には影響を与えない。
   ロ 地盤アンカー工法(アースアンカー工法)とは、山留め壁に作用する土圧や水圧を山留め壁背面の地盤中に設けた地盤アンカー(アースアンカー)で支持する工法である。
   ハ アースドリル工法、オールケーシング工法及びリバースサーキュレーション工法は、場所打ちコンクリート杭地業の工法である。
   ニ アイランド工法とは、法付けオープンカット工法と切りばり工法を併用した工法である。

4 木造2階建て住宅の横架材の建方順序として、適切なものはどれか。
   イ 土台 → 胴差し → 棟木 → 軒桁
   ロ 土台 → 軒桁 → 胴差し → 棟木
   ハ 土台 → 胴差し → 軒桁 → 棟木
   ニ 土台 → 軒桁 → 棟木 → 胴差し

5 荷の運搬作業に関する記述として、適切でないものはどれか。
   イ つり荷の重量目測は、原則として、多めに目測する。
   ロ 原則として、つり上げられた荷の下に立ち入ってはならない。
   ハ つり荷の上には、人を乗せてはならない。
   ニ 荷をつったままでも、安全ロックをすれば、運転位置を離れてもよい。

[B群(多肢択一法)]

6　日本工業規格(JIS)の鋼管足場によれば、単管足場用鋼管において、部材長が4mの場合における10本分の重量として、最も適切なものはどれか。
　　イ　約115kg
　　ロ　約130kg
　　ハ　約145kg
　　ニ　約160kg

7　文中の(　　)内に当てはまる語句として、正しいものはどれか。
　　RC構造物の解体工法である(　　)は、機械に付いている刃などで部材を挟み、油圧による圧縮力によって、コンクリートを破壊する工法である。
　　イ　ワイヤソー工法
　　ロ　圧砕工法
　　ハ　ブレーカー工法
　　ニ　静的破砕工法

8　日本工業規格(JIS)によれば、公称径10.0mmのワイヤロープ(6×24－A種)の破断力(最小値)として、正しいものはどれか。
　　イ　49.3 kN
　　ロ　61.8 kN
　　ハ　77.0 kN
　　ニ　96.6 kN

9　とび工事に使用する器工具に関する記述として、適切でないものはどれか。
　　イ　ドリフトピンは、番線等を締めるのに使用する工具である。
　　ロ　クリップは、ワイヤロープのしって(端末)を止めるときに使用する工具である。
　　ハ　しのは、鉄骨建方工事にも使用される工具である。
　　ニ　かじや(バール)は、てこの原理を利用して重量物を持ち上げたり、くぎ抜きに使用する工具である。

10　建築物の基礎工事で使用する掘削機械として、適切でないものはどれか。
　　イ　ドラグライン
　　ロ　クラムシェル
　　ハ　バックホウ
　　ニ　スクレーパ

［B群(多肢択一法)］

11 文中の( )内に当てはまる語句として、適切なものはどれか。
　平面図、配置図等の配置において、一般的に( )を上方に置くが、やむを得ない場合でもできるだけその向きを統一して表す。
　　イ　南
　　ロ　北
　　ハ　主な出入口
　　ニ　前面道路

12 下図において、10kgと25kgが釣り合う場合のXの値として、正しいものはどれか。

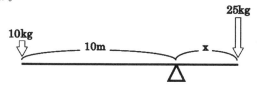

　　イ　1m
　　ロ　2m
　　ハ　3m
　　ニ　4m

13 下図の型枠の組立て図(断面図)において、①及び②が示す型枠構成材料の名称の組合せとして、正しいものはどれか。

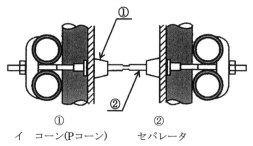

	①	②
イ	コーン(Pコーン)	セパレータ
ロ	フォームタイ	セパレータ
ハ	セパレータ	フォームタイ
ニ	コーン(Pコーン)	フォームタイ

14 日本工業規格(JIS)の鋼管足場によれば、単管足場用鋼管の品質として、誤っているものはどれか。
　　イ　厚みを2.5mmとすること。
　　ロ　外径を48.6mmとすること。
　　ハ　鋼管の種類をSTK290とすること。
　　ニ　防せい効果のあるめっきを施すこと。

［B群(多肢択一法)］

15　一般に、建築構造物に使われる建築構造用圧延鋼材の鋼の種類はどれか。
　　イ　軟鋼
　　ロ　硬鋼
　　ハ　最硬鋼
　　ニ　鋳鋼

16　木材に関する記述として、適切でないものはどれか。
　　イ　心材とは、樹心に近い色調の濃い部分をいう。
　　ロ　木裏とは、板目材の樹皮側の面をいう。
　　ハ　木理(木目)には、板目及び柾目がある。
　　ニ　元口とは、樹木の根元側の木口をいう。

17　移動式足場(ローリングタワー)に関する記述として、誤っているものはどれか。
　　イ　作業床の周囲に高さ90cm以上で中桟付きの丈夫な手すりを取り付ける。
　　ロ　作業床の周囲に高さ10cm以上の幅木を取り付ける。
　　ハ　墜落制止用器具(安全帯)を使用していれば、作業員を乗せて移動してもよい。
　　ニ　組立て高さ(H)は、脚輪の下端から作業床までの高さを基に計算する。

18　下図の山留め支保工の組立図のうち、部材の名称として、誤っているものはどれか。
　　イ　鋼矢板
　　ロ　支持杭(中間支持柱)
　　ハ　火打ちばり
　　ニ　切ばり

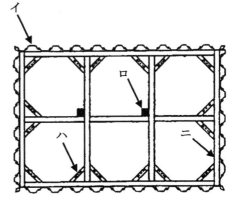

19　補強コンクリートブロック造の塀に関する記述として、誤っているものはどれか。
　　イ　厚さは、高さが2mを超える場合は15cm以上とする。
　　ロ　高さは、5m以下とする。
　　ハ　壁内には、直径9mm以上の鉄筋を縦横に80cm以下の間隔で配置する。
　　ニ　長さ3.4m以下ごとに控え壁を設ける。

20 鉄骨の柱で、4方向に出ているはりの部分に関係ないものはどれか。
 イ フランジ
 ロ スカラップ
 ハ スチフナー
 ニ ウイングプレート

21 建設工事に係る資材の再資源化等に関する法律(建設リサイクル法)関係法令によれば、分別解体等の実施義務が生じる建設工事の規模に関する基準として、誤っているものはどれか。
 イ 床面積40m²の建築物の解体工事
 ロ 床面積500m²以上の建築物の新築又は増築工事
 ハ 請負代金が1億円以上の建築物の修繕・模様替え等の工事
 ニ 請負代金が500万円以上の建築物以外の工作物の解体工事又は新築工事

22 廃棄物の処理及び清掃に関する法律関係法令によれば、廃棄物の定義に含まれないものはどれか。
 イ 汚泥
 ロ 廃油
 ハ 放射能汚染物
 ニ ふん尿

23 事故発生時の一般的な注意事項の記述として、誤っているものはどれか。
 イ 出血や骨折など負傷がないか確認する。
 ロ 顔が紅潮している時は、頭を少し下げて寝かす。
 ハ 救護処置は、冷静かつ迅速に、適切な順序で行う。
 ニ 熱中症の疑いがあるときは、涼しい場所で安静にさせる。

24 文中の( )内に当てはまる数値として、正しいものはどれか。
 労働安全衛生法関係法令によれば、事業者は、原則として、高さ又は深さが( )mをこえる箇所で作業を行なうときは、当該作業に従事する労働者が安全に昇降するための設備等を設けなければならないと規定されている。
 イ 1.0
 ロ 1.5
 ハ 2.0
 ニ 2.5

25 文中の( )内に当てはまる数値として、正しいものはどれか。
 労働安全衛生法関係法令によれば、事業者は( )m以上の高所から物体を投下するときは、適当な投下設備を設け、監視人を置く等労働者の危険を防止するための措置を講じなければならないと規定されている。
 イ 1
 ロ 3
 ハ 5
 ニ 7

平成30年度 技能検定
1級 とび 学科試験問題
（とび作業）

1. 試験時間　　1時間40分
2. 問題数　　　50題(A群25題、B群25題)
3. 注意事項
    (1)　係員の指示があるまで、この表紙はあけないでください。
    (2)　答案用紙(真偽法と多肢択一法の併用)に検定職種名、作業名、級別、受検番号、氏名を必ず記入してください。
    (3)　係員の指示に従って、問題数を確かめてください。それらに異常がある場合は、黙って手を挙げてください。問題はA群(真偽法)とB群(多肢択一法)とに分かれています。
    (4)　試験開始の合図で始めてください。
    (5)　解答の方法(真偽法と多肢択一法の併用)は次のとおりです。
    　　イ.　A群の問題(真偽法)は、一つ一つの問題の内容が正しいか、誤っているかを判断して解答してください。
    　　ロ.　B群の問題(多肢択一法)は、正解と思うものを一つだけ選んで、解答してください。二つ以上に解答した場合は誤答となります。
    　　ハ.　答案用紙(マークシート用紙)へ解答する際は、答案用紙に記載されている注意事項に従ってください。
    　　ニ.　答案用紙の解答欄は、A群の問題とB群の問題とでは異なります。所定の解答欄に、試験問題の題数に応じて解答してください。解答欄はA群は50題まで、B群は25題まで解答できるようになっています。
    (6)　電子式卓上計算機その他これと同等の機能を有するものは、使用してはいけません。
    (7)　携帯電話等は、使用してはいけません。
    (8)　試験中、質問があるときは、黙って手を挙げてください。ただし、試験問題の内容、漢字の読み方等に関する質問にはお答えできません。
    (9)　試験終了時刻前に解答ができあがった場合は、黙って手を挙げて、係員の指示に従ってください。
    (10)　試験中に手洗いに立ちたいときは、黙って手を挙げて、係員の指示に従ってください。
    (11)　試験終了の合図があったら、筆記用具を置き、係員の指示に従ってください。

[A群(真偽法)]

1 労働安全衛生法関係法令によれば、架設通路における墜落防止用手すりの高さは、85cm以上であると規定されている。

2 高さ2m以上に設けるつり足場の作業床には、3cm程度の隙間があってもよい。

3 労働安全衛生法関係法令によれば、高さが8.5mの登り桟橋には、踊り場を設ける必要はない。

4 掘削工事における排水工法のウェルポイント工法は、隣接地盤には地盤沈下等の影響を与える。

5 場所打ち鉄筋コンクリート地中壁工法は、止水性のよい土止め工法である。

6 型枠にかかるコンクリートの側圧は、コンクリートの打設速度の影響を受ける。

7 建築物の鉄骨建方工法には、びょうぶ建て方式、水平積上げ方式などがある。

8 ころを使用して物体を旋回させるには、物体の前後のころを同時に進行方向に切るのがよい。

9 古い鉄筋コンクリート造を解体する場合、その建物の配筋方法は、現在と同じ基準のため、特に注意する必要がない。

10 労働安全衛生法関係法令によれば、玉掛け用具として使用するワイヤロープの直径の減少が公称径の7%を超えるものの使用は、禁止されている。

11 下図の掛け方は、あだ巻である。

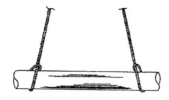

12 ドリフトピン(ボールシン)は、鉄骨工事のボルト穴等を合わせるのに用いる工具である。

13 クライミングクレーンは、移動式クレーンではない。

14 ガイデリックのつり上げ能力は、ブームの傾斜角度により変化する。

[A群(真偽法)]

15 施工図は、設計図を基に工事の施工に必要な詳細を表した図面である。

16 力の三要素とは、力の大きさ、力の方向(向き)及び力の伝わる速さをいう。

17 ターンバックルは、木造建築物のゆがみ直しにも使用できる。

18 足場の壁つなぎ専用金具の最大使用長さは、一般に、1200mm以下がよい。

19 コンクリートは、スランプ値が大きいものほど硬い。

20 鉄骨工事において、ベースプレートとは、ガセットプレートのことである。

21 労働安全衛生法関係法令によれば、移動はしごの幅は、25cmと規定されている。

22 木造建築物の土台の継手は、柱の真下に設ける方がよい。

23 建築基準法関係法令によれば、鉄筋コンクリート造の床面積は、建築物の各階又は
   その一部で壁その他の区画の中心線で囲まれた部分の水平投影面積と規定されてい
   る。

24 つり足場の上で簡単な作業を行う場合は、脚立やはしごなどを使用してもよい。

25 労働安全衛生法関係法令によれば、事業者は、4m以上の高所から物体を投下する
   ときは、適当な投下設備を設け、監視人を置く等労働者の危険を防止するための措
   置を講じなければならないと規定されている。

1 単管足場に関する記述として、誤っているものはどれか。
　　イ　建地の脚部には、ベース金具を使用する。
　　ロ　地上第一の布の高さは、最大2mとする。
　　ハ　建地の間隔は、最大2mとする。
　　ニ　建地の継手は、いも継ぎ(横一線)にならないようにする。

2 養生朝顔に関する記述として、誤っているものはどれか。
　　イ　足場高さが地上から20m以上の場合は、二段以上取り付ける。
　　ロ　敷板は、足場から水平距離で2m以上突き出し、隙間なく全面に張る。
　　ハ　落下物を防ぐための落下物防止設備である。
　　ニ　敷板には、厚さ8mm程度のひき板が望ましい。

3 切りばりの取付けに関する記述として、正しいものはどれか。
　　イ　切りばりと切りばりとの交差部は、一般に、カバープレートを使用してボルト締めとする。
　　ロ　長い切りばりの継手は、できるだけ中間支持柱から離れた箇所で継ぐ。
　　ハ　切りばりにジャッキを取り付ける位置は、ジャッキができるだけ同じ位置に並ぶように取り付ける。
　　ニ　切りばりのジャッキ掛け(プレロード)は、一般に、中央部の切りばりから行う。

4 木造軸組工法の仕口の形状とその名称との組合せとして、誤っているものはどれか。

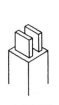 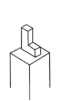 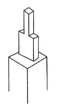

　　ありほぞ　　　小根ほぞ　　　重ねほぞ　　　平ほぞ
　　　イ　　　　　　　ロ　　　　　　　ハ　　　　　　ニ

5 次のうち、重量物運搬時に重量物の下に設置するころの本数として、適切なものはどれか。
　　イ　1本
　　ロ　2本
　　ハ　3本
　　ニ　7本

[B群(多肢択一法)]

6 荷の運搬作業に関する記述として、最も適切なものはどれか。
  イ つり荷の重量目測は、原則として、少なめに目測する。
  ロ つり荷の高さは、原則として、1mに保ち水平移動する。
  ハ つり荷の上には、人を乗せてはならない。
  ニ 荷をつったままでも、安全ロックをすれば、運転位置を離れてもよい。

7 文中の（　）内に当てはまる語句として、正しいものはどれか。
  RC構造物の解体工法である（　）は、薬剤の膨張力を利用して、コンクリートにひび割れを発生させ破砕する工法である。
  イ 静的破砕工法
  ロ 圧砕工法
  ハ ブレーカー工法
  ニ ワイヤソー工法

8 つり荷を2本つりで玉掛けしたとき、つり角度と1本のロープにかかる張力の組合せとして、適切でないものはどれか。
  ＜つり角度＞　　＜張力＞
  イ 30°　　　つり荷重の半分の1.04倍
  ロ 60°　　　つり荷重の半分の1.16倍
  ハ 90°　　　つり荷重の半分の1.41倍
  ニ 120°　　つり荷重の半分の1.75倍

9 手袋を使用してはならない作業はどれか。
  イ 丸のこ盤の操作
  ロ トランシットの操作
  ハ パイプサポートの整理
  ニ 水平つなぎの取外し

10 次の建設機械のうち、整地作業に適さないものはどれか。
  イ モータグレーダ
  ロ クラムシェル
  ハ トラクターシャベル
  ニ ブルドーザ

11 施工図に関する部材の記号のうち、基礎の小ばりを表す記号として、正しいものはどれか。
  イ GL
  ロ FS
  ハ FB
  ニ FG

[B群(多肢択一法)]

12 下図のように定滑車、動滑車を使用すると、その物体の重量Wに対してどのくらいの力Pで揚重できるか。ただし、滑車やロープなどの質量、摩擦はないものとする。

イ　1/2の力
ロ　1/4の力
ハ　1/6の力
ニ　1/8の力

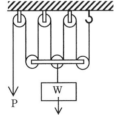

13 型枠相互の間隔を保つために用いる金物で、コンクリート内に埋められるものはどれか。

イ　フォームタイ
ロ　セパレータ
ハ　コラムクランプ
ニ　スペーサ

14 安全ネットの使用に関する記述として、正しいものはどれか。

イ　安全ネット同士を重ね合わせる場合は、番線でつなぐことが好ましい。
ロ　水平の安全ネットは、落下高さができるだけ大きくなるように取り付ける。
ハ　安全ネットは、たるみのないように取り付ける。
ニ　一度でも人体相当の重量の物が落ちたネットは使わない。

15 針葉樹材はどれか。

イ　ナラ
ロ　キリ
ハ　ツガ
ニ　ブナ

16 木質系の集成材に関する記述として、誤っているものはどれか。

イ　数枚の板を接着剤によって張り合わせるので、合板とも呼ばれている。
ロ　ひき板・小角材などを、接着剤によって集成して作られた建築材料である。
ハ　構造用、造作用などの種類がある。
ニ　わん曲材を作ることができる。

17 工期の短縮及び型枠の解体・搬出の手間を省くために捨て型枠があるが、地中ばりに使用されないものはどれか。

イ　スレート型枠
ロ　ラス型枠
ハ　デッキプレート型枠
ニ　ブロック型枠

[B群(多肢択一法)]

18　土止め支保工の部材とそれにかかる力の種類の組合せとして、誤っているものはどれか。
　　　　　＜部材＞　　　　＜力の種類＞
　　　イ　腹おこし・・・・・曲げ
　　　ロ　切りばり・・・・・引張り
　　　ハ　火打・・・・・・・圧縮
　　　ニ　矢板・・・・・・・曲げ

19　文中の(　　)内に当てはまる語句の組合せとして、適切なものはどれか。
　　　鉄筋コンクリート造は、コンクリートの(　①　)に耐える力と、鉄筋の(　②　)に耐える力の両者の利点を生かした構造で、耐火構造となって(　③　)。
　　　　　　①　　　　　　②　　　　　　③
　　　イ　引張り　　　　圧縮　　　　いない
　　　ロ　圧縮　　　　　引張り　　　いる
　　　ハ　引張り　　　　圧縮　　　　いる
　　　ニ　圧縮　　　　　引張り　　　いない

20　文中の(　　)内に当てはまる語句として、正しいものはどれか。
　　　木材を水平に積み上げて、構造体としての壁を構成する構造形式は、(　　)である。
　　　イ　木造枠組壁構法
　　　ロ　丸太組構法
　　　ハ　在来軸組構法
　　　ニ　木造集成材構法

21　建築基準法関係法令によれば、建築工事現場における落下物による危害を防止するための措置の基準に関する記述として、適切でないものはどれか。
　　　イ　鉄網又は帆布は、落下物に対し十分な強度を有すること。
　　　ロ　鉄網又は帆布は、構造耐力上安全なものとし、骨組に緊結すること。
　　　ハ　鉄網は、間隙のできないように重ね合わせること。
　　　ニ　帆布は、防音及び防塵処理をしたものであること。

22 廃棄物の処理及び清掃に関する法律関係法令に関する記述として、適切でないものはどれか。

イ 産業廃棄物とは、事業活動に伴って生じた廃棄物で、建設業に係るものも定められている。

ロ 特別管理産業廃棄物とは、ダイオキシン、PCB(ポリ塩化ビフェニル)、石綿等の有害物質に関連するもので、普通の廃棄物とは別の処理体系が定められている。

ハ 建設業の掘削工事又はくい工事により発生した汚泥は、産業廃棄物ではなく建設発生土である。

ニ 建設リサイクル法による届出は、着工7日前までに発注者あるいは自主施工者が行う。

23 労働安全衛生法関係法令によれば、特別教育修了者が従事できる業務はどれか。

イ つり上げ荷重3トンのクレーンの玉掛けの業務

ロ つり上げ荷重5トン以上のクレーンの運転の業務

ハ 制限荷重が5トン以上の揚貨装置の運転の業務

ニ アーク溶接機を用いて行う金属の溶接、溶断等の業務

24 安全帯の使用方法として、誤っているものはどれか。

イ ハーネス型のバックルは、確実に連結しロックを確認する。

ロ 胴ベルト型のロープ固定D環の位置は、腰部側面より前側になるようにする。

ハ フックは、D環より上部に掛ける。

ニ ロープは、キンクや摩耗のないものを使用する。

25 保護帽に関する記述として、誤っているものはどれか。

イ 足場の解体作業中は必ず着用する。

ロ 保護帽内の換気用に穴を空けるなどの改造加工をしてもよい。

ハ 着用にあたっては、あごひもを確実に締める。

ニ 衝撃吸収ライナーに著しい傷や割れがないものを使用する。

平成29年度 技能検定
1級 とび 学科試験問題
（とび作業）

1. 試験時間　1時間40分
2. 問題数　50題(A群25題、B群25題)
3. 注意事項
   (1)　係員の指示があるまで、この表紙はあけないでください。
   (2)　答案用紙(真偽法と多肢択一法の併用)に検定職種名、作業名、級別、受検番号、氏名を必ず記入してください。
   (3)　係員の指示に従って、問題数を確かめてください。それらに異常がある場合は、黙って手を挙げてください。問題はA群(真偽法)とB群(多肢択一法)とに分かれています。
   (4)　試験開始の合図で始めてください。
   (5)　解答の方法(真偽法と多肢択一法の併用)は次のとおりです。
   　　イ．　A群の問題(真偽法)は、一つ一つの問題の内容が正しいか、誤っているかを判断して解答してください。
   　　ロ．　B群の問題(多肢択一法)は、正解と思うものを一つだけ選んで、解答してください。二つ以上に解答した場合は誤答となります。
   　　ハ．　答案用紙(マークシート用紙)へ解答する際は、答案用紙に記載されている注意事項に従ってください。
   　　ニ．　答案用紙の解答欄は、A群の問題とB群の問題とでは異なります。所定の解答欄に、試験問題の題数に応じて解答してください。解答欄はA群は50題まで、B群は25題まで解答できるようになっています。
   (6)　電子式卓上計算機その他これと同等の機能を有するものは、使用してはいけません。
   (7)　携帯電話等は、使用してはいけません。
   (8)　試験中、質問があるときは、黙って手を挙げてください。ただし、試験問題の内容、漢字の読み方等に関する質問にはお答えできません。
   (9)　試験終了時刻前に解答ができあがった場合は、黙って手を挙げて、係員の指示に従ってください。
   (10)　試験中に手洗いに立ちたいときは、黙って手を挙げて、係員の指示に従ってください。
   (11)　試験終了の合図があったら、筆記用具を置き、係員の指示に従ってください。

[A群(真偽法)]

1 つりわく足場(ユニット式等)は、鉄骨のはり下などに取り付けられる。

2 労働安全衛生法関係法令によれば、勾配が15°を超える架設通路には、踏さんその他の滑止めを設けることとされている。

3 養生朝顔のはね出しの長さは、水平距離で足場の外側から2m以上とする。

4 割栗地業における割栗石の敷き込み幅は、基礎フーチングの幅と等しくする。

5 砂質土は、シルトよりも粒径が小さい。

6 建築基準法関係法令によれば、原則として、コンクリート打ち込み中及び打ち込み後2日間は、コンクリートの温度が2℃を下がらないようにし、かつ、コンクリートの凝結及び硬化が妨げられないように養生しなければならないとされている。

7 一般的な鉄骨建方において、本締めボルト数に対する仮ボルト数の割合は、1/10程度でよい。

8 ころを使用して物体を旋回させるには、支点(回転軸)を中心に進行方向のころを放射状に配置するのがよい。

9 よう壁の解体は、工期短縮のため、関連工事に関係なく前倒しに工事を進める方がよい。

10 2本吊りで荷を吊るときに玉掛けワイヤロープ1本にかかる張力は、吊り角度0°のときを1.0倍とした場合、吊り角度120°のときは1.5倍である。

11 玉掛け用ワイヤロープは、摩耗による直径の減少が公称径の10%であっても使用することができる。

12 トランジットでは、水平角は測れるが、鉛直角は測れない。

13 簡易用リフトは、人荷共用のリフトである。

14 高層建築物の鉄骨建方には、起伏型タワークレーンが多く使用されている。

15 躯体施工図において、壁は、一般にWの略記号で表される。

16 荷物の移動する速度が0m/sから5m/sになるのに5秒かかった場合、加速度は、1m/s²である。(s＝秒)

[A群(真偽法)]

17 　ストレートシャックルの記号「SD22」は、Sがストレートシャックルの本体、Dがア イボルト、22が呼びの範囲を表す記号である。

18 　巻上げ用ワイヤロープは、一般に、ウインチのドラムの径が大きいほどロープの寿 命は、短くなる。

19 　帯筋(フープ)とは、柱の主筋に所定の間隔で巻き付ける鉄筋のことをいう。

20 　日本建築学会　建築工事標準仕様書(JASS5)によれば、コンクリート強度が 36N/mm²以下のコンクリートを普通コンクリートといい、36N/mm²を超えるもの を高強度コンクリートという。

21 　労働安全衛生法関係法令によれば、火打ちを除く土止め支保工の圧縮材の継手は、 突合せ継手としなければならないとされている。

22 　鉄筋コンクリート構造は、一般に、一体式構造に分類される。

23 　廃棄物の処理及び清掃に関する法律関係法令によれば、建設業の掘削工事又はくい 工事により発生した汚泥は、産業廃棄物ではなく建設発生土であるとされている。

24 　鋼管などの加工に研削砥石を使用する場合、作業開始前は1分間以上、砥石を取り 替えたときは3分間以上試運転を行わなければならない。

25 　労働安全衛生法関係法令によれば、労働者の危険を防止する措置を講じていなけれ ば、高さ3m以上の高所から物体を投下してはならないとされている。

[B群(多肢択一法)]

1 単管足場の布の組立てに関する記述として、誤っているものはどれか。
　　イ　地上第一の布の高さは、2m以下とする。
　　ロ　上下方向の間隔は、1.5〜1.6m程度とする。
　　ハ　継手は、一直線に揃える。
　　ニ　建地に取り付けるときは、直交型クランプで緊結する。

2 文中の(　　)内に当てはまる数値の組合せとして、正しいものはどれか。
　　原則として、単管足場の建地の高さが(　A　)mを超える場合は、最上部から測って(　B　)mを超える部分を2本組の建地とする。
　　　　　(A)　　(B)
　　イ　31　　　31
　　ロ　30　　　30
　　ハ　30　　　25
　　ニ　25　　　25

3 止水性のない山留め壁はどれか。
　　イ　親杭横矢板壁
　　ロ　ソイルセメント壁
　　ハ　鋼矢板壁
　　ニ　場所打ち鉄筋コンクリート地中壁

4 鉄筋に対するコンクリートのかぶり厚さに関する記述として、適切でないものはどれか。
　　イ　かぶり厚さが不足すると、鉄筋が発錆することもある。
　　ロ　鉄筋のかぶり厚さは、鉄筋の中心からコンクリート表面までの距離である。
　　ハ　かぶり厚さは、柱やはり等の部材と位置ごとに定められている。
　　ニ　かぶり厚さを必要以上に大きくすると、構造強度が小さくなる。

5 普通コンクリートを使用した無筋コンクリート3m³の質量として、適切なものはどれか。
　　イ　約4.6t
　　ロ　約6.9t
　　ハ　約9.2t
　　ニ　約11.5t

6 つり上げ荷重3トンの小型移動式クレーンを運転して800kgの荷をつり上げる業務に必要な資格証はどれか。
　　イ　小型移動式クレーン運転技能講習修了証
　　ロ　巻き上げ機運転特別教育修了証
　　ハ　小型移動式クレーン運転特別教育修了証
　　ニ　車両系建設機械運転技能講習修了証

[B群(多肢択一法)]

7 解体工事において発生する廃材のうち、安定型埋立処分場に埋められないものはどれか。
  イ　コンクリートガラ
  ロ　プラスチックくず
  ハ　ガラスくず
  ニ　木くず

8 6×24－A種の玉掛けワイヤロープ(直径10mm、一本つり、安全係数7)の安全荷重に最も近いものはどれか。
  イ　5.03t
  ロ　3.30t
  ハ　1.00t
  ニ　0.70t

9 玉掛用具のつり具として、使用できないものはどれか。
  イ　台付けワイヤロープ
  ロ　ワイヤもっこ
  ハ　Cフック
  ニ　つりビーム

10 現場で使用する電動工具等のうち、接地アース線を設けなくてもよいものはどれか。
  イ　200Vの溶接機
  ロ　2.5kWの電動ウインチ
  ハ　二重絶縁の電動ドリル
  ニ　2.2kWの水中ポンプ

11 日本工業規格(JIS)の建築製図通則によれば、コンクリート及び鉄筋コンクリートを表す材料構造表示記号はどれか。

  イ

  ロ　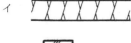

  ハ　

  ニ　

12　AB二つの力の合力Cを表しているものとして、正しいものはどれか。

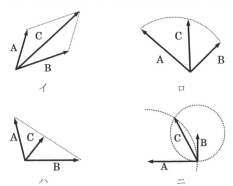

13　下図に示す部材の名称として、誤っているものはどれか。
　　　イ　アンカーボルト
　　　ロ　幅木
　　　ハ　根太
　　　ニ　ブラケット

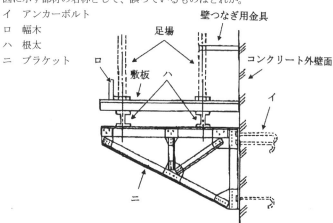

14　土止め支保工の親杭に横矢板を取り付けるときに使用する材料として、必要のない
　　ものはどれか。
　　　イ　くさび
　　　ロ　台座
　　　ハ　ずれ止め(桟木)
　　　ニ　裏込め材

15　一般に、木造住宅の土台に使用されないものはどれか。
　　　イ　ヒノキ
　　　ロ　ケヤキ
　　　ハ　ラワン
　　　ニ　クリ

［B群(多肢択一法)］

16　強度を高めるために折曲げ加工された鋼材はどれか。
　　　イ　デッキプレート
　　　ロ　鋼帯
　　　ハ　棒鋼
　　　ニ　H形鋼

17　ローリングタワーの構造に関する記述として、適切でないものはどれか。
　　　イ　組立て高さ(H)は、脚輪の下端から作業床までの高さである。
　　　ロ　脚輪間の主軸間隔(L)は、脚輪間の幅の広い方を主軸間隔とする。
　　　ハ　手すりは、作業床の周囲に高さ90cm以上とし、中さん等を取り付ける。
　　　ニ　幅木は、作業床の周囲に高さ10cm以上のものを取り付ける。

18　わく組足場の構造に関する記述として、適切でないものはどれか。
　　　イ　床付き布わくの取付けは、横架材に対して、つかみ金具を完全にロックさせる。
　　　ロ　交さ筋かいを両面に取り付ける。
　　　ハ　脚部には、敷板を敷き、ジャッキ型ベース金具により固定する。
　　　ニ　床付き布わく同士の間隔は、10cm以下になるようにする。

19　SRC造はどれか。
　　　イ　鉄骨鉄筋コンクリート造
　　　ロ　鉄骨造
　　　ハ　鉄筋コンクリート造
　　　ニ　補強コンクリートブロック造

20　文中の(　　)内に当てはまる語句として、正しいものはどれか。
　　　(　　)構造は、鉄骨の構造形式で骨組の各接点がすべてピン接合となっており、一般に、各部材が三角形を構成するような骨組である。
　　　イ　ラーメン
　　　ロ　トラス
　　　ハ　ブレース
　　　ニ　壁式

21　建築基準法関係法令で定める主要構造部に含まれないものはどれか。
　　　イ　床
　　　ロ　屋根
　　　ハ　間柱
　　　ニ　階段

22 建築基準法関係法令に定める不燃材料として、誤っているものはどれか。
 イ れんが
 ロ コンクリート
 ハ パーティクルボード
 ニ ガラス

23 文中の( )内に当てはまる数値として、正しいものはどれか。
 労働安全衛生法関係法令によれば、事業者は、土止め支保工を設けたときは、その後( )日をこえない期間ごとに、部材の損傷、変形、腐食、変位及び脱落の有無及び状態等について、点検を行わなければならない。
 イ 7
 ロ 8
 ハ 9
 ニ 10

24 事故発生時の一般的な注意事項の記述として、誤っているものはどれか。
 イ 軽症であることが確認されるまでは、水平にして寝かす。
 ロ 熱中症の疑いがある時は、涼しい場所で安静にさせる。
 ハ 出血や骨折など負傷がないか確認する。
 ニ 顔が紅潮している時は、頭を少し下げて寝かす。

25 労働安全衛生法関係法令によれば、作業主任者を選任すべき作業として、該当しないものはどれか。
 イ 型枠支保工の組立て又は解体
 ロ 高さ5m以上の足場の組立て、解体又は変更
 ハ 軒の高さが5m以上の木造建築物の構造部材の組立て
 ニ クレーンの組立て又は解体の作業

とび

正解表

平成31年度 2級 学科試験正解表
とび（とび作業）

真偽法

番号	1	2	3	4	5
正解	○	X	X	X	○

番号	6	7	8	9	10
正解	○	○	X	○	X

番号	11	12	13	14	15
正解	X	X	X	○	○

番号	16	17	18	19	20
正解	○	X	○	X	○

番号	21	22	23	24	25
正解	○	○	○	○	○

択一法

番号	1	2	3	4	5
正解	ハ	ハ	イ	ニ	イ

番号	6	7	8	9	10
正解	ニ	ロ	ロ	ロ	イ

番号	11	12	13	14	15
正解	ニ	ニ	ニ	イ	ロ

番号	16	17	18	19	20
正解	イ	ハ	ロ	ハ	ハ

番号	21	22	23	24	25
正解	ロ	ハ	イ	ロ	ニ

平成30年度 2級 学科試験正解表
とび（とび作業）

真偽法

番号	1	2	3	4	5
解答	X	○	○	○	○

番号	6	7	8	9	10
解答	X	○	○	X	X

番号	11	12	13	14	15
解答	○	○	X	X	X

番号	16	17	18	19	20
解答	X	X	○	X	○

番号	21	22	23	24	25
解答	X	○	X	○	X

択一法

番号	1	2	3	4	5
解答	ハ	ロ	ハ	イ	ハ

番号	6	7	8	9	10
解答	ニ	ハ	ハ	ロ	ロ

番号	11	12	13	14	15
解答	ニ	ハ	イ	ニ	ロ

番号	16	17	18	19	20
解答	イ	ニ	イ	イ	ロ

番号	21	22	23	24	25
解答	ニ	ハ	イ	ニ	ハ

平成29年度 2級 学科試験正解表
とび（とび作業）

真偽法

番号	1	2	3	4	5
解答	X	〇	〇	〇	〇

番号	6	7	8	9	10
解答	X	〇	〇	X	〇

番号	11	12	13	14	15
解答	〇	X	〇	〇	〇

番号	16	17	18	19	20
解答	X	X	〇	X	X

番号	21	22	23	24	25
解答	〇	〇	X	〇	X

択一法

番号	1	2	3	4	5
解答	ニ	ニ	ロ	ハ	ハ

番号	6	7	8	9	10
解答	イ	イ	ロ	ハ	ニ

番号	11	12	13	14	15
解答	ハ	ロ	ロ	ニ	ハ

番号	16	17	18	19	20
解答	ハ	ニ	ハ	イ	イ

番号	21	22	23	24	25
解答	ニ	ロ	ロ	ロ	ニ

平成31年度　1級　学科試験正解表
とび（とび作業）

真偽法

番号	1	2	3	4	5
解答	○	X	○	X	○

番号	6	7	8	9	10
解答	X	○	X	○	○

番号	11	12	13	14	15
解答	X	○	X	○	○

番号	16	17	18	19	20
解答	○	○	X	X	○

番号	21	22	23	24	
解答	X	X	○	○	

択一法

番号	1	2	3	4	5
解答	ハ	ハ	イ	ハ	ニ

番号	6	7	8	9	10
解答	イ	ロ	イ	イ	ニ

番号	11	12	13	14	15
解答	ロ	ニ	イ	ハ	イ

番号	16	17	18	19	20
解答	ロ	ハ	ニ	ロ	ニ

番号	21	22	23	24	25
解答	イ	ハ	ロ	ロ	ロ

平成30年度　1級　学科試験正解表
とび（とび作業）

真偽法

番号	1	2	3	4	5
解答	○	X	X	○	○

番号	6	7	8	9	10
解答	○	○	X	X	○

番号	11	12	13	14	15
解答	X	○	○	○	○

番号	16	17	18	19	20
解答	X	○	○	X	X

番号	21	22	23	24	25
解答	X	X	○	X	X

択一法

番号	1	2	3	4	5
解答	ハ	ニ	ニ	イ	ハ

番号	6	7	8	9	10
解答	ハ	イ	ニ	イ	ロ

番号	11	12	13	14	15
解答	ハ	ハ	ロ	ニ	ハ

番号	16	17	18	19	20
解答	イ	ハ	ロ	ロ	ロ

番号	21	22	23	24	25
解答	ニ	ハ	ニ	ロ	ロ

平成 29 年度　1 級　学科試験正解表
とび（とび作業）

真偽法

番号	1	2	3	4	5
解答	○	○	○	×	×

番号	6	7	8	9	10
解答	×	×	○	×	×

番号	11	12	13	14	15
解答	×	×	×	○	○

番号	16	17	18	19	20
解答	○	○	×	○	○

番号	21	22	23	24	25
解答	○	○	×	○	○

択一法

番号	1	2	3	4	5
解答	ハ	イ	イ	ロ	ロ

番号	6	7	8	9	10
解答	イ	ニ	ニ	イ	ハ

番号	11	12	13	14	15
解答	ロ	イ	ハ	ロ	ハ

番号	16	17	18	19	20
解答	イ	ロ	ニ	イ	ロ

番号	21	22	23	24	25
解答	ハ	ハ	イ	ニ	ニ

> ・本書掲載の試験問題及び解答の内容につい
> てのお問い合わせ等には、一切応じられま
> せんのでご了承ください。
> ・試験問題について、都合により一部、編集
> しているものがあります。

平成 29・30・31 年度

1・2級 技能検定 試験問題集 64 とび

令和 2 年 6 月　初版発行

令和 4 年 8 月　初版 2 刷発行

監　修　中央職業能力開発協会

発　行　一般社団法人 雇用問題研究会

〒103-0002　東京都中央区日本橋馬喰町 1-14-5 日本橋 K ビル 2 階

TEL　03-5651-7071(代)　FAX　03-5651-7077

URL　http://www.koyoerc.or.jp

印　刷　株式会社ワイズ

223064

ISBN978-4-87563-663-2 C3000